Eva Neumann

Ich bin da anderer Meinung …

HERDER spektrum

Band 5346

Das Buch

Sie müssen eine nicht korrekte Handwerkerrechnung reklamieren. Sie finden, dass Ihnen mehr Gehalt zusteht und möchten darüber mit Ihrem oder Ihrer Vorgesetzten sprechen. Zu Hause steht eine Aussprache mit Ihrem Partner an, weil es mit Ihren Absprachen, wer im Haushalt was erledigt, nicht klappt. Keine sehr angenehmen Aussichten – aber Situationen, die immer wieder anstehen und geklärt sein wollen. Drei Dinge sollte frau wissen, um schwierige Gespräche im beruflichen und privaten Umfeld gut zu bestehen:
- Wie sehe ich mich selbst und meine Position in der jeweiligen Situation?
- Was ist mein Ziel, was genau will ich erreichen?
- Wie vermittle ich meinem Gesprächspartner kontroverse oder unangenehme Dinge und bleibe gleichzeitig konstruktiv und korrekt?

Für alle drei Bereiche gibt die Autorin, Kommunikationstrainerin mit langjähriger Erfahrung, konkrete Tipps und Hilfestellungen. Sie zeigt, wo Frauen erfahrungsgemäß ihre Stärken haben und wie sie diese weiter ausbauen können – stets anhand konkreter Situationen aus dem privaten und beruflichen Alltag. Ob im Gespräch mit dem Vertreter an der Wohnungstür, bei Behördentelefonaten oder im Umgang mit schwierigen KollegInnen: Sie erfahren, wie Sie klar und authentisch Ihre Ziele kommunizieren und Ihre Meinung vertreten, wie Sie mit Kritik und Aggression umgehen und das Gespräch in der Hand behalten. Ganz nebenbei gibt es außer Anregungen für konkrete, einzelne Situationen auch eine Einführung in verschiedene Techniken der Gesprächsführung – und damit das nötige Handwerkszeug, um die Ecken und Kanten im Büro wie zu Hause souverän zu meistern. Das 1 x 1 erfolgreicher Kommunikation für Frauen, die wissen, was sie wollen. Mit praktischen Übungen und Serviceteil im Anhang.

Die Autorin

Eva Neumann, M.A., geb. 1969, ist selbständige Kommunikationsberaterin. Sie studierte Rhetorik und Musikwissenschaft in Tübingen. Seit 1999 coacht sie Mitarbeiterinnen und Mitarbeiter im Gesundheitswesen, leitet Seminare zu Rhetorik und Gesprächsführung in Wirtschaftsunternehmen verschiedener Branchen und hält Vorträge an Hochschulen.

Eva Neumann

Ich bin da anderer Meinung ...

Schwierige Gespräche leicht gemacht

HERDER

FREIBURG · BASEL · WIEN

Gedruckt auf umweltfreundlichem,
chlorfrei gebleichtem Papier.

Originalausgabe

www.herder.de
Satz: Dtp-Satzservice Peter Huber, Freiburg
Herstellung: fgb · freiburger graphische betriebe 2003
www.fgb.de
Umschlaggestaltung und Konzeption:
R·M·E München / Roland Eschlbeck, Liana Tuchel
Umschlagmotiv: © The Image Bank
ISBN 3-451-05346-2

Inhalt

Vorwort
Liebe Leserin und lieber Leser 7

Kapitel 1
Das war nicht so gemeint!
Wie Sie Missverständnisse aufklären und vermeiden . . 13

Kapitel 2
Wenn Bemerkungen „angreifen“
Wie Sie angemessen auf spitze Töne und
Beleidigungen reagieren 24

Kapitel 3
Willst du eine ehrliche Antwort?
Wie Sie Nein sagen, wenn Sie Nein meinen 48

Kapitel 4
Haste mal ’nen Euro?
Wie Sie Manipulation erkennen und entkräften 60

Kapitel 5
Ich mag dich, aber ...
Wie Sie Kritik an nahe stehenden Menschen üben . . . 71

Kapitel 6
Nichts gesagt ist nicht genug.
Wie Sie Kritisches im Beruf rückmelden 84

Kapitel 7
Haben Sie dazu noch Fragen?
Wie Sie ein Gespräche mit Experten
durch Fragen steuern 96

Kapitel 8
Da stimmt doch etwas nicht!
Wie Sie eine Handwerkerrechnung reklamieren 107

Kapitel 9
Manche Mühlen mahlen langsam ...
Wie Sie die Kommunikation
mit behördenähnlichen Unternehmen organisieren . . . 120

Kapitel 10
Das Licht unter dem Scheffel hervorholen
Wie Sie Ihre Leistungen angemessen darstellen
und „verkaufen“ 130

Serviceteil
Gesprächsleitfaden – Lösungen – Literatur 149

Vorwort

Liebe Leserin und lieber Leser,

dass wir im Gespräch gerne „zwischen den Zeilen" mithören und dadurch Missverständnisse entstehen, haben Sie sicherlich selbst schon erlebt.

Stellen Sie sich vor, Sie sitzen am Steuer Ihres Wagens und Ihr Beifahrer (oder Ihre Beifahrerin) macht Ihnen Vorschläge, wie Sie mehr Sprit sparen können. Dann hören Sie, dass Sie dazu anders schalten sollten. Und es folgen Hinweise, wie Sie sicherer überholen als gerade eben. Aus den Vorschlägen sind im Handumdrehen Rat-Schläge geworden. Wie viele davon hören Sie sich an, und wann haben Sie genug?

Ihr Beifahrer mag *in der Sache* Recht haben. Doch ich kenne nur wenige Menschen, die sich darüber freuen, wenn sie zum dritten Mal darauf aufmerksam gemacht werden, dass sie in den nächsten Gang schalten sollten – es sei denn, sie sind Fahrschüler in ihrer ersten Stunde. Wie reagieren Sie in einer solchen Situation? Und wie geht daraufhin das Gespräch weiter?

Wenn zwei miteinander reden, steht immer auch im Raum, *was sie voneinander halten*. Ich habe in einem von mir geleiteten Seminar zu Thema „Schwierige Gespräche führen" live mitbekommen, wie ein Ingenieur sein gesamtes Entwicklerteam innerhalb von zwei Minuten gegen sich aufbrachte, als er eine neue EDV-unterstützte Methode zum Design von Maschinenbauteilen vorstellte. – Wie er das schaffte? Er sagte: „Das alte Verfahren ist weniger leistungsfähig und vollständig veraltet. Mit der neuen Methode verschwenden Sie keine Zeit mehr mit kostenaufwändiger Handarbeit. Viele Stunden des Nachbesserns sind jetzt überflüssig" – und seine Teamkolleginnen und Kollegen bekamen den Eindruck, der Redner hielte das, was sie bisher gemacht hatten, für wertlos – obwohl das so nie ausgesprochen wurde.

Bei schwierigen Gesprächen ist oft die Frage, wie Sie beiden Ebenen gerecht werden, ohne dass es auf Kosten der einen oder anderen geht. Dieses Buch handelt deshalb davon, wie Sie Ihre Interessen auf der Sachebene klar und verständlich vertreten, ohne die Beziehung zum Gesprächspartner aus dem Blick zu verlieren. Und wie Sie eine wertschätzende Gesprächsatmosphäre pflegen, ohne Ihre Meinung zurückzustellen.

Richtig verstehen und verstanden werden

Kapitel 1 zeigt, wie Missverständnisse entstehen und vermieden werden können, und wie Sie zu ihrer Aufklärung beitragen.

Welche Reaktions- und Einflussmöglichkeiten Sie dadurch in Angriffssituationen gewinnen, lesen Sie in Kapitel 2. An einem Gespräch sind immer mindestens zwei Personen beteiligt – das ist Ihre Chance, denn Sie entscheiden, was Sie aus den Bemerkungen des Gesprächspartners heraushören wollen.

Sich in der Sache abgrenzen

„Reden ist Silber, Schweigen ist Gold" – Wem an einer spannungsfreien Beziehung mit der Gesprächspartnerin gelegen ist, orientiert sich vielleicht ab und zu an diesem Leitsatz. „Der Klügere gibt nach" – auch das ist eine Möglichkeit, Spannungen aus dem Weg zu gehen. Das funktioniert so lange, bis Sie den Kürzeren gezogen haben. Wie Sie sich in der Sache abgrenzen und „Nein" sagen – und wie Sie das in verbindlicher Weise tun –, das ist Thema in Kapitel 3. Falls Sie den Eindruck haben, dass Sie sich zu oft vor den Karren anderer spannen lassen, lesen Sie das Kapitel 4 über Manipulationstechniken.

Wertschätzend kritisieren ...

... ist das nicht ein Widerspruch in sich? Wie kann man Kritik äußern, ohne dass die andere Person abgewertet oder angegriffen wird? Entscheidend ist, in welcher Beziehung Sie zu Ihrem Gesprächspartner stehen. Ist es ein Freund? Eine Angehörige? Ein

Familienmitglied? Für kritische Rückmeldungen an nahe stehende Personen finden Sie in Kapitel 5 konkrete Hinweise und Gesprächsbeispiele. Oder handelt es sich um berufliche Beziehungen zu anderen (fremden) Menschen, deren Verhalten Sie ansprechen und verändern wollen? Hier gelten besondere Regeln für konstruktive Kritik. Lesen Sie dazu das Kapitel 6.

Sachbezogene Gespräche in der Öffentlichkeit

Mit dem Kapitel 6 verschiebt sich auch der Schwerpunkt der folgenden Kapitel 7 bis 10 auf Gespräche in der Öffentlichkeit und im Beruf. Dort sprechen Menschen in erster Linie miteinander, wenn sie ein sachliches Ziel erreichen wollen. Die Beziehungen sind zeitlich und ihrer Verbindlichkeit meist begrenzt. Angelegenheiten können deshalb unbeschwerter verfolgt werden. Andererseits sind die Beziehungen auch weniger tragfähig, und die Reaktionen der Gesprächspartner auf Schwierigkeiten sind weniger vorhersehbar. Das Gespräch verläuft in „formelleren" Bahnen, und daraus ergeben sich für Sie andere Einflussmöglichkeiten als im privaten Gespräch.

Führen durch Fragen

Wer viel weiß, hat bei fachbezogenen Gesprächen einen strategischen Vorteil. Ratsuchende Laien verlieren im Gespräch mit Experten angesichts der Flut von Informationen leicht die Orientierung: „Da sitz' ich nun, ich armer Tor! / und bin so klug als wie zuvor ..." (Goethe, Faust I). Damit Sie im Gespräch mit Expertinnen und Profis trotz des Wissensgefälles partnerschaftlich mitreden können, stelle ich Ihnen in Kapitel 7 einige Fragetechniken vor, die dabei helfen, den Informationsfluss zu steuern.

Die Rahmenbedingungen aktiv gestalten

Sichern Sie sich Ihren Gesprächserfolg durch gute Vorbereitung und durch die Dokumentation des Gesprächsverlaufs. Am Beispiel von Reklamationen lesen Sie in Kapitel 8, wie Sie als Kundin durch entsprechendes Hintergrundwissen im Gespräch zu Ihrem Recht gelangen.

Die Kommunikation mit verschiedenen (anonymen) Gesprächspartnern innerhalb einer großen Organisation kann zu Desorientierung und Verzögerungen führen. Wie Sie auch hier den „Gesprächsfaden" nicht verlieren, lesen Sie in Kapitel 9.

Sich selbst zum Thema machen
Last but not least: Wie sagen Sie, was Sache ist, wenn es um Sie selbst geht? Ist es wahr, dass „Eigenlob stinkt" und Sie automatisch einen schlechten Eindruck hinterlassen, wenn Sie positiv über sich reden? Wie Sie Ihre Chancen zur Selbstpräsentation wahrnehmen und dafür entsprechend anerkannt und honoriert werden, davon handelt das Kapitel 10.

Übungen
Im Anschluss an manche Kapitel finden Sie Übungsangebote. Ihre Ergebnisse können Sie mit den Lösungsvorschlägen im Serviceteil vergleichen. Natürlich gibt es zu jeder Aufgabe mehrere richtige Lösungen. Außerdem finden Sie im Serviceteil einen allgemeinen Gesprächsleitfaden und ausgewählte Literaturvorschläge zu den einzelnen Kapiteln.

Anrede
Vielleicht ist Ihnen schon aufgefallen, dass ich bei der Beschreibung von Gesprächsteilnehmenden zwischen der männlichen und der weiblichen Form wechsle – mal heißt es Gesprächpartnerin, mal Gesprächspartner. Wenn möglich, verwende ich auch eine neutrale Form, z. B. „die andere Person" oder „Ihr Gegenüber". Natürlich sind im Allgemeinen Männer *und* Frauen gemeint. Sie werden sehen, welche konkreten Personen (Frauen oder Männer) Ihnen aus eigener Erfahrung zu den geschilderten Gesprächssituationen in den Sinn kommen.

Wie im richtigen Leben: Marions Tagebuch
Marion ist die „Verfasserin" der Tagebuchausschnitte, die Sie zu Beginn jedes Kapitels lesen. Marion Schneider ist Sachbearbeiterin in einem mittelständischen Betrieb, sie ist mit Jürgen, einem

selbständigen Unternehmer, verheiratet und hat einen Sohn, Julien, der zur Grundschule geht. Ihr Chef ist Herr Vollhardt. Ihr Team besteht aus vier Frauen: Frau Schübler ist eine ältere Kollegin, Kerstin eine Freundin und Kollegin im gleichen Alter, und Silke ist die Gruppenleiterin.

Marion ist eine „Stellvertreterin“: Sie ist eine fiktive Figur, und was sie erlebt, stammt aus dem Erfahrungsschatz vieler Seminarteilnehmender und Kunden, die ich in meiner Arbeit als Kommunikationsberaterin begleitet habe. Vieles von dem, was diese Frauen und Männer als „schwierig“ erlebt haben, ist in verfremdeter Form in die Kapitel eingeflossen, entweder als Tagebuchausschnitt oder in Form von Beispielen.

Danke!
In diesem Zusammenhang gilt mein Dank den Seminarteilnehmerinnen und -teilnehmern für ihr Vertrauen und ihre eigene Sicht der Dinge. Wir sind gemeinsam auf dem Weg zu einer wertschätzenden und klaren Gesprächskultur!

Danke sage ich auch meinen Kollegen Klaus Steinke und Dr. Gudrun Fey vom Trainernetzwerk study & train, Stuttgart. Sie haben die Entstehung dieses Buches unterstützt und begleitet. Klaus sowie meine Kollegin und Freundin Sonja Förste haben genau mitgelesen und mir konkrete Rückmeldungen gegeben. Mit ihnen erlebe ich immer wieder kreative Sternstunden im gemeinsamen lauten Nachdenken.

Das Buch widme ich Andreas, der mich liebevoll und verlässlich herausfordert, unterstützt und motiviert, und meinen lieben Eltern, die immer zum Gespräch bereit gewesen sind, seit ich sie kenne.

Und nun wünsche ich Ihnen viel Spaß beim Lesen!

Kapitel 1

Das war nicht so gemeint!

Wie Sie Missverständnisse aufklären und vermeiden

15. November 2002
Gestern traf ich mich mit Silke und Kerstin in gemütlichem Rahmen, um ein paar Büro-Themen durchzusprechen. Wir waren bei Kerstin zu Hause, haben vormittags gearbeitet und dann gemeinsam zu Mittag gegessen. Das Essen war klasse, Kerstin hat gekocht. Zum Abschluss des Essens fragte sie uns, was wir noch möchten: Espresso, Capuccino, Latte macchiato? Ich wusste, sie hatte eine neue Espressomaschine und entschied mich für eine Latte macchiato. Silke und ich besprachen währenddessen noch etwas anderes. Als ich die Latte macchiato bekam, war sie lauwarm. Ich mag keine lauwarme Milch. Also sagte ich: „Kerstin, könntest du mir die noch mal heißer machen, ich finde so lauwarme Milch ein bisschen eklig ...". Ich sagte das scherzhaft, weil ich mich erinnerte, wie wir uns als Kinder bei Milchhaut immer geschüttelt haben. – Und dann sah ich Kerstins Reaktion: Sie schaute weg und war ab da sehr kurz angebunden. Dabei hatte ich nur sagen wollen, wie es mir bei der Vorstellung ging, diese lauwarme Milch zu trinken. Die Stimmung war jedenfalls erst mal hin, und wir kamen irgendwie auch nicht mehr in die Gänge.

Wenn wir mit anderen Menschen in Gesprächskontakt treten, ist diese Begegnung vergleichbar mit dem Zusammentreffen eines Schiffes mit einem Eisberg:

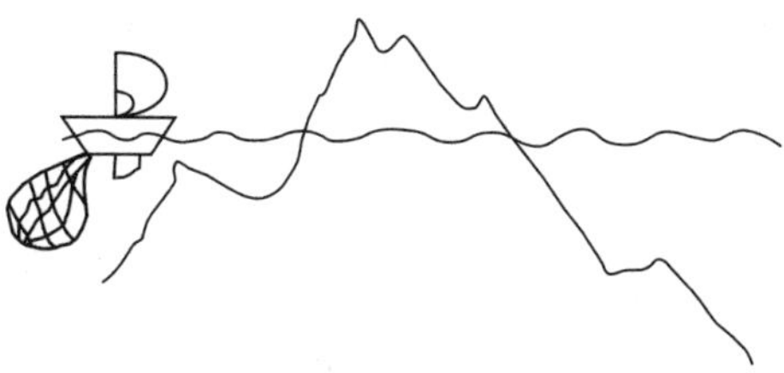

Bei einem Eisberg befindet sich ca. 8/9 der Masse unter Wasser. Der Kapitän kann zwar sehen, wo sich der Eisberg über Wasser befindet und wird sein Schiff um diese Gefahrenzonen herummanövrieren. Doch er sollte sich bewusst sein, dass der Eisberg unter Wasser ungeahnte Dimensionen annimmt und dass ohne die Möglichkeit, den Eisberg dort auszuloten, ein Zusammenstoß droht. Er wird sich daher sehr langsam und „vor-sichtig" vorwärtsbewegen.

Im Umgang miteinander spielen gerade die unsichtbaren inneren Stimmungen und Gefühle, Einstellungen und Werte, Erinnerungen und Phantasien unseres Gegenübers eine wichtige Rolle dabei, wie er oder sie auf unsere Worte reagiert. An diesem unsichtbaren persönlichen Bereich können wir unvermutet „auflaufen": Marions Äußerung nimmt nämlich in Kerstins Ohren eine ganz andere Bedeutung an. Das hat zunächst einmal mit Kerstin selbst zu tun: Die Espressomaschine funktioniert nicht so, wie sie es will; sie ist müde von der Besprechung, und sie will eine gute Gastgeberin sein. Sie missversteht die flapsige Bemerkung von Marion und fühlt sich persönlich angegriffen. Kerstin kann nicht einordnen, was Marion so lustig findet, sie kennt deren Erinnerung an die Kindheit nicht. Sie hört nur das Lachen und die abfällige Bemerkung über lauwarme Milch.

> Die Widerstände „unter Wasser" können zu tun haben mit den persönlichen (emotionalen) Assoziationen des Gesprächspartners zum Thema. Das heißt: Hier liegt die Ursache für die Verletzung bei der *Empfängerin* der Nachricht!

Marion ihrerseits hat ihre Erinnerung „im Schlepptau", aber sie teilt sie nicht mit, deshalb stößt sie an Kerstins „Eisberg unter Wasser" an.

Wie Sie ein Missverständnis aufklären

Es ist durchaus möglich, jemanden unbeabsichtigt zu verletzen, ohne dafür die komplette Verantwortung zu tragen. Wenn Sie merken, dass sich ein Missverständnis eingeschlichen hat, dann sorgen Sie für Aufklärung. Damit übernehmen Sie lediglich Ihren Teil der Verantwortung für eine gute Beziehung zur Gesprächspartnerin.

- Gehen Sie auf die andere Person zu und fragen Sie: „Was ist gerade passiert?“ „Was hast du verstanden, als ich gesagt habe ...?“
- Hören Sie dann geduldig zu und konzentrieren Sie sich darauf zu verstehen, was die andere Person gefühlsmäßig erlebt hat. Geben Sie ihr Zeit, negative Gefühle und Verletzungen zu zeigen. Das ist nicht einfach, wenn Sie sich als Auslöserin der Verletzung begreifen und die andere Person Ihnen das vorwirft. – Stellen Sie sich vor, sie begleiten die andere Person dabei, die Verletzung zu verstehen. Sie erleben mit ihr die unangenehmen Gefühle und Missverständnisse noch einmal. Erst wenn Sie das zusammen getan haben, können Sie neu anfangen.
- Während Sie zuhören, verzichten Sie auf Rechtfertigungen und Erklärungen (Kein „Ich verstehe ..., *aber*“!) Hören Sie aktiv zu, indem Sie kurz mit eigenen Worten und mit fragendem Ton wiedergeben, was Sie verstanden haben.
- Sie können sich entschuldigen: „Es tut mir Leid, wenn ich dich damit verletzt habe.“
- Wenn die andere Person alles erzählt hat und ruhiger wird, dann sagen Sie, was Sie eigentlich gemeint haben, als Sie das Missverständnis auslösten. Achten Sie hier auf eine wertschätzende Sprache. Sprechen Sie im Nachhinein offen von sich; sagen Sie, was Sie vorher nicht gesagt haben, öffnen Sie Ihr „Schlepptau“ für die andere Person.
- Bedanken Sie sich dafür, dass der oder die andere Ihnen zugehört hat. Wenn es Sie freut, dass Sie das Missverständnis richtig stellen konnten, dann sagen Sie auch das.
- Und schließlich: Verzeihen Sie sich selbst und speichern Sie das Erlebte als Erfahrung ab. Missverständnisse geschehen oft ohne böse Absicht.

Marion redet mit Kerstin über das Missverständnis.

Marion: Kerstin?

Kerstin: *(aus der Küche)* Ja?

Marion: Was ist eigentlich gerade passiert?

Kerstin: (*kurz)* Wieso?

Marion: Du wirkst auf mich gerade gar nicht mehr so fröhlich wie vorhin. Habe ich etwas Falsches gesagt?

Kerstin: (*kommt aus der Küche*) Du, ich fand deine Bemerkung, dass du meinen Milchkaffee eklig findest, nicht okay.

Marion: Oh, das habe ich nicht gemeint.

Kerstin: *(sichtlich sauer)* Aber gesagt hast du's. *(wendet sich ab)* Egal.

Marion: *(steht vom Tisch auf und geht ihr nach)* Ehrlich, es tut mir Leid, wenn du das so verstanden hast. Ich meinte, ich mag keine warme Milch.

Kerstin: *(in der Küche)* Ja, das habe ich schon verstanden.

Marion: *(auch in der Küche)* Und weshalb bist du jetzt ärgerlich?

Kerstin: *(macht eine wütende Bewegung)* Weil ich die ganze Zeit schon mit dieser blöden Maschine rummache, und sie funktioniert einfach nicht richtig. Sonst hättest du schon deine heiße Latte macchiato bekommen.

Marion: Das wusste ich nicht.

Kerstin: Ja.

(Pause)

Marion: *(schaut Kerstin an)* Und sonst noch?

Kerstin: Was?

Marion: Gibt's sonst noch etwas, das dich geärgert hat?

Kerstin: ... ich komme mir selbst blöd vor, das zu sagen — aber ich habe heute das Essen gekocht, und versucht, es euch schön zu machen. Und wenn du dann sagst, dass du lauwarme Milch eklig findest, weiß ich nicht, was daran witzig ist. Ich dachte, mach sie dir doch selbst heiß. Außerdem habe ich mich gefragt, wieso *ich* koche, wenn *ihr* Besprechung habt.

Marion: ... du fandest die Aufgabenteilung ungerecht? Wir hätten dir helfen können ... (*Marion versucht zu verstehen*)

Kerstin: Ach nee, – ja, doch, ...

Marion: Stimmt. Daran habe ich gar nicht gedacht.

Kerstin: Ist schon in Ordnung.

(Pause)

Marion: Du, und wenn's dich interessiert, warum ich das witzig fand ... das hat nichts mit dir zu tun – ich erzähle es dir ...
Kerstin: Ja ...
Marion. Weißt du, als ich klein war, war es für uns Kinder so schön schaurig, die Milchhaut von der Milch zu ziehen. Wir hatten ziemlich viel Spaß damit ... Daran hab ich mich erinnert.
Kerstin: *(schmunzelt)*
Marion: Ja, das ist alles.
Kerstin: *(grinst)*
Marion: Übrigens, das Essen war klasse (*lacht auch)*.

Tagebuch, Nachtrag zum 15. November
Mir ist erst hinterher klar geworden, was Kerstin verletzt hatte: Sie hat sich ja Mühe gegeben mit dem Essen. Sie spielte für uns die Gastgeberin. Dazu kam, dass die neue teure Espressomaschine nicht so gut funktionierte — und sie hatte sich schon oft genug darüber geärgert, konnte aber nichts daran ändern. Ich glaube, sie fühlte sich irgendwann außen vor, als sie in der Küche stand und ich mit Silke noch etwas besprochen habe. In dem Moment kam meine Bemerkung gerade richtig.

Die Ursache vieler Missverständnisse

Vielleicht sind Sie der Meinung, dass Marions Äußerung das Missverständnis und damit auch die Verletzung verursacht hat. Schauen wir uns Marions Äußerung einmal an und fragen, was sie hätte besser machen können.

Marion sagte – offen und ehrlich – „***Ich** finde lauwarme Milch eklig*“. Bestimmt wollte Marion Kerstin nicht beleidigen – im Gegenteil, sie sprach von sich selbst. Kerstin aber verstand in diesem Moment: „***Du** machst ein ekliges Getränk*“ – eine Horrorvorstellung für eine Gastgeberin! – und war verletzt.

Botschaften „zwischen den Zeilen"

Wenn Menschen miteinander reden, verstehen sie viel mehr als das, was ausgesprochen wird. Vermutlich können auch Sie „zwischen den Zeilen" hören! In bestimmten Situationen ist das sehr hilfreich.

Stellen Sie sich vor, Sie sind auf einem Fest und haben mit Ihrem Partner vereinbart, um elf zu gehen. Ein dezenter Hinweis auf die Uhrzeit „Es ist halb zwölf" erinnert den Partner an die Vereinbarung, ohne ihn offiziell zum Gehen aufzufordern und ohne unhöflich zu wirken.

Das „Gedankenlesen" bietet allerdings auch einen fruchtbaren Boden für Missverständnisse.

Vier Bedeutungsrichtungen einer Äußerung

Jede Äußerung eines Menschen kann in vier verschiedene Richtungen *verstanden* werden[1], auch wenn diese vier Bedeutungen zum Teil „zwischen den Zeilen" mitschwingen.

> Jede Äußerung enthält neben der ausgesprochenen Bedeutung (Sachbotschaft) einen Appell (Aufforderung), eine Selbstmitteilung des Sprechenden (Ich-Botschaft) und eine Beziehungsbotschaft (Du-Botschaft).

Kerstin kann Marions Äußerung „Ich finde lauwarme Milch eklig" *also in drei weitere Richtungen verstehen.*

Ausgesprochen wurde die Ich-Botschaft *(„Ich ..."). Marion sagt über sich selbst:* Ich, Marion, mag das nicht. Ich finde das unappetitlich.

Darin ist auch eine sachliche Behauptung („Es ist ...") über die Milch enthalten (gleichgültig, ob sie zutrifft oder nicht): Die Sachbotschaft *lautet:* Diese Milch ist lauwarm und damit für mich ungenießbar.

---

[1] Vgl. Schulz von Thun 1981.

Marion teilt mit ihrer Aussage indirekt mit, wie sie Kerstin sieht („Du bist ..."). Die Du-Botschaft *lautet*: Du, Kerstin, hast sie gemacht und du bist verantwortlich dafür.

Die Aufforderung *(„Tu etwas!") könnte somit lauten:*
Ändere das! Mach sie heißer!

Missverständnissen vorbeugen

Wir können damit rechnen, dass unser Gesprächspartner auf diese vier „Seiten" unserer Mitteilung achtet, auch wenn wir sie nicht aussprechen.

Sie beugen Missverständnissen vor, wenn Sie diese Verstehensrichtungen kennen und sie auch wörtlich ausdrücken.

Sprechen Sie Aufforderungen direkt aus

Wie fordern Sie ein Mitglied Ihrer Wohngemeinschaft auf, im Haushalt zu helfen? Sagen Sie beschreibend: „Der Mülleimer ist schon wieder voll"? Glückwunsch, wenn Sie damit Erfolg haben. Falls nicht, dann überlegen Sie: Welche Seite haben Sie ausgesprochen? In diesem Beispiel ist es die Sachbotschaft. Was wollten Sie eigentlich ausdrücken? Die Aufforderung! Deutlicher heißt Ihre Bitte also: „Bitte bring den Müll hinunter." – Marion hätte Kerstin ebenfalls direkt bitten können „Machst du mir die Milch bitte kochend heiß?", ohne das bisherige Ergebnis abzuwerten.

Sprechen Sie offen von sich und darüber, was Sie angeht

Wenn Sie Ihre Aufforderung mit den eigenen Wünschen oder Bedürfnissen begründen, wird sie für die andere Person nachvollziehbar. Stellen Sie sich vor, Sie fordern ein Kind auf: „Mach doch den Fernseher leiser!" Das Kind wird Sie besser verstehen und Ihre Aufforderung nicht als lästige „Erziehungsmaßnahme" einordnen, wenn Sie dazu die Ich-Botschaft ergänzen: „Ich bin sehr müde und möchte mich ein wenig ausruhen. Bitte mache den Fernseher leiser!“

Meine Freundin Sonja und ihr Mann fuhren vor zehn Jahren, im zweiten Jahr ihrer Beziehung, zusammen in den Urlaub nach Norwegen. Auf einer Landstraße entdeckte Sonja eine Wiese mit Kirschbäumen, die voller prächtiger dunkelroter Kirschen hingen.

Sonja: „Hey, hier gibt’s Kirschen!“
Dieter: „Ja, toll!“
Sonja: „Das hätte ich nicht erwartet, dass es hier Kirschen gibt!“
Dieter: „Das finde ich auch erstaunlich.“
Dieter sitzt am Steuer und fährt weiter.
Sonja: „So tolle Kirschen sieht man selten, ich glaube, wir hatten keine dieses Jahr.“
Dieter: „Mhm“

Sonja erzählte mir, dass sie dann aufgab. Sie hatte sich gewünscht, dass ihr Freund ihr von den Augen abliest, was sie wollte. Und sie war enttäuscht, als sie merkte, dass er ihr Bedürfnis nicht erkannte. Sie sagte, sie sei dann beleidigt gewesen, was er dann doch merkte.

Dieter: Was ist los?
Sonja: Ich bin sauer. Wieso hältst du nicht?
Dieter: Wieso sollte ich?
Sonja: Ich hätte gerne Kirschen!
Dieter: Ach so, das hast du nicht gesagt.
Sonja: Doch, ich hab’s doch dreimal gesagt!
Dieter: Nein, du hast gesagt, es sind schöne Kirschen.
Sonja: Ich hätte mir eben gewünscht, dass du merkst, dass ich Kirschen mag. Das bedeutet das.

Sonja erzählte mir noch, dass sich seitdem viel verändert hat. Das heißt, sie passt heute auf, dass er nicht eine Bemerkung von ihr als Aufforderung versteht, z.B. wenn sie vor einem Schaufenster steht und sagt: „Schau dir diese Uhr an, die sieht doch klasse aus ...“

Sagen Sie Ihren Gesprächspartnern gelegentlich, was Sie an ihnen schätzen

Eine Teilnehmerin erzählte, dass in ihrer Kindheit der Vater mittags zum Essen nach Hause kam. Ihre Mutter habe ihm dann immer das Essen hingestellt, sich danebengesetzt und ihm zugesehen, während er es in sich hineinschaufelte. Eines Tages habe sie ihn vorsichtig gefragt: „Na, schmeckt's auch?" Seine Antwort sei prompt gekommen: „Hab ich was gesagt?"

Nicht nur im Privaten, auch im Berufsleben wird oft nach dem Motto verfahren: „Nichts gesagt ist genug gelobt."

Fehlende positive Rückmeldung verunsichert, und die Betroffenen fragen sich, ob sie es den anderen Menschen „recht machen". Manche wittern auf der Suche nach Rückmeldung hinter harmlosen Sätzen Kritik.

Wenn Sie Anerkennung gelegentlich deutlich aussprechen, legen Sie auch hier eine gute Grundlage dafür, dass Ihre Worte so verstanden werden, wie Sie sie sagen, und dass weniger „hineininterpretiert" wird.

Was wertschätzende, positive Worte bewirken

Wenn wir etwas kritisieren, neigen wir dazu, das, was schlecht gelaufen ist, auch gleich negativ zu bewerten. Wir meinen damit nicht den Menschen, sondern die *Sache*: „Also, das Zimmer sieht ja noch furchtbar aus", oder zum Partner beim Renovieren: „Die Tapetenbahnen sitzen total schief."

Wenn abwertende Worte über die *Sache* fallen, dann hört die angesprochene Person auch eine *persönliche* Abwertung (als Du-Botschaft: „Du bist schlampig") zwischen den Zeilen heraus.

> Die Widerstände „unter Wasser" können (emotionale) Reaktionen auf Ihr Verhalten im Gespräch und Ihre Wortwahl sein. – Das heißt, die Ursache für die Verletzung der anderen Person liegt in der *Ausdrucksweise* der Senderin.

Wenn Marion der Milchkaffee nicht schmeckt, sollte sie das Wort „eklig" vermeiden und zum Beispiel beschreibend sagen: „Ich habe noch eine Bitte: Die Milch schmeckt warm, und ich mag's lieber ganz heiß. Geht das?" Marion ginge damit auf „Nummer sicher", dass sie Kerstin von ihrer Seite aus nicht verletzen würde.

Tipp:

Eine neutrale bis positive Wortwahl ist die Voraussetzung dafür, dass Ihr Gesprächspartner Sie in der Sache richtig versteht.

Wenn Sie also merken, dass sich Ihre Gesprächspartnerin gegen eine Kritik wehrt, probieren Sie es mit einer positiven Sprache. Verzichten Sie dabei auf abwertende Körpersignale (Blick zur Decke, Mund verziehen etc.). Versuchen Sie es zum Beispiel so: „Ich sehe, du kommst richtig voran. Schön! – Hast du gesehen, dass hier ein paar Bahnen unten weiter rechts hängen als oben? Wenn du willst, helfe ich dir." Begründen Sie, weshalb *Sie* etwas verändert haben wollen (Ich-Botschaft): „Ich befürchte, die ungeraden Bahnen sind auch nach dem Streichen zu sehen."

– Weitere Tipps und Hinweise zu diesem Thema finden Sie in den Kapiteln 5 und 6.

Was Sie tun können, damit Sie richtig verstanden werden

- Seien Sie in der Sache *verständlich*. Beschreiben Sie Ihre Wahrnehmungen für den anderen nachvollziehbar, verzichten Sie, wenn möglich, auf negative Bewertung;
- seien Sie *offen*, sprechen Sie von sich, um Ihre Bewertungen zu begründen;
- seien Sie *direkt* in Ihren Aufforderungen, und
- seien Sie *wertschätzend* dem anderen gegenüber, so dass die Ich-Botschaft positiv bleibt, auch wenn es unangenehme Dinge mitzuteilen gibt.
- Wenn Missverständnisse oder Irritationen auftauchen, achten Sie darauf, sich in alle vier Bedeutungsrichtungen, d. h. *vollständig* mitzuteilen, damit die andere Person Ihre Gedanken nicht zu erraten braucht.

Übungen

a. Welcher Aspekt der Mitteilung wird **direkt** ausgesprochen? (Eine Aufforderung? Eine Sachmitteilung? Eine Ich-Botschaft? Eine Du-Botschaft?)

„Mach bitte die Tür zu!“
„Ich freue mich sehr über das Geschenk!“
„Ich kann dich da nicht ernst nehmen.“
„Du bist ein Vorbild für mich.“
„Wenn du einkaufen gehst, bringe auch Äpfel mit.“
„Der Sprudel reicht noch für einen Tag.“

b. Welche einzelnen Worte „fühlen“ sich für Sie negativ an? Wie könnten Sie die Aussage neutral oder positiv formulieren?

„Das Betreten des Rasens ist verboten!“
„Das hast du falsch verstanden.“
„Jetzt trödele nicht so rum.“
„Ich hoffe, ich habe Sie nicht gelangweilt!“

Kapitel 2

Wenn Bemerkungen „angreifen"

Wie Sie angemessen auf spitze Töne und Beleidigungen reagieren

26. November 2002
Heute war ein miserabler Tag im Büro. Es begann ganz harmlos. Frau Schübler war schlecht gelaunt – wie immer – und ich blieb ganz ruhig, obwohl sie den Vormittag über viel zu schimpfen fand. Selbst als sie aus der Mittagspause zurückkam und mich anfuhr, wo ich denn den Kunden Mahler abgespeichert hätte, konnte ich ganz ruhig antworten: Unter seinem Namen, in dem und dem Ordner. Natürlich hat's mich langsam genervt. Aber ich blieb nach außen hin ruhig.

Dann kam Herr Vollhardt herein und bat mich, in sein Büro zu kommen. Er hatte rote Flecken im Gesicht, und ich ahnte Böses. Tatsächlich putzte er mich herunter, ob ich gar nichts denken würde! Das Angebot an Firma Halm jetzt schon rauszuschicken! Ich war ganz geplättet und fragte, wieso? Er wurde zynisch und meinte, weil ich sicher keine Lust hätte, dass mir die fehlende Gewinnspanne vom Gehalt abgezogen würde. Ich sagte dann gar nichts mehr. Offenbar hätten wir erst die Kalkulation vom Lieferanten J. abwarten sollen, der neue Preise gemacht hat.

Ich ging also wie ein begossener Pudel ins Büro zurück, den Halm-Kontaktmann habe ich nicht erreicht.

Jetzt bin ich zu Hause. Jürgen ist in der Küche. Vor einer halben Stunde kam er rüber und fragte, ob ich wieder die Einkaufsliste vergessen hätte, weil ich keinen Thymian mitgebracht habe. Wieso „wieder"? Da ist mir der Kragen geplatzt, ich habe losgeheult und gesagt, wenn ich es sowieso nicht richtig mache, dann kann er doch selbst einkaufen gehen. War natürlich völlig übertrieben. Er merkte dann, wie es mir ging, und ich habe ihm erzählt, was heute los war. Jetzt kocht er etwas für uns.

Marion erlebt drei schwierige Situationen an einem Tag, und in allen wird ihre Kompetenz in Zweifel gezogen.

Dabei reagiert sie ganz unterschiedlich auf die offenen oder versteckten Anfechtungen – das erste Mal bleibt sie gelassen, beim nächsten Mal verschlägt es ihr die Sprache, und zuletzt platzt ihr bei einer scheinbar harmlosen Äußerung der Kragen.

Das Gefühl, persönlich angegriffen zu werden, löst ein inneres Alarmprogramm aus. Manche Menschen zeigen wenig von ihrer inneren Anspannung, andere hingegen explodieren. Und wissen Sie hinterher, ob Sie sich angemessen verhalten haben? War die Reaktion „schlagfertig" genug oder übertrieben? Wenn Sie erkennen, ob der Angriff tatsächlich *ausgesprochen* wurde, können Sie sich diese Frage leichter beantworten.

Ausgesprochene Abwertung löst Stress aus

„Denken Sie denn gar nichts?", sagt Herr Vollhardt, Marions Chef, und behauptet damit, Marion sei dumm. Er sagt damit allerdings nichts über den Fehler, den sie gemacht hat, d. h., er ist unsachlich. Natürlich ist Herr Vollhardt berechtigt, Kritik zu äußern. Aber indem er die Mitarbeiterin persönlich abwertet und *beleidigt*, greift er sie persönlich an. Durch die wirtschaftliche Abhängigkeit wirkt ein persönlicher Angriff noch bedrohlicher.

Wann Sie verletzlich sind

Ob eine kritische Bemerkung Sie tatsächlich berührt, entscheidet Ihre innere Reaktion auf eine Äußerung. Dabei spielen Ihre Ansprüche an sich selbst, Ihr Verantwortungsgefühl, Ihr Selbstbewusstsein und die Erwartungen, die Sie an die Beziehung zum Gesprächspartner haben, eine Rolle.

Wenn die Äußerung mit dem inneren Antreiber zusammenwirkt

Jürgens arglos-scherzhafte Frage, ob Marion wieder die Einkaufsliste vergessen hat, trifft Marions wunden Punkt – ausgerechnet darüber kann sie nicht lachen, im Gegenteil!

Die Transaktionsanalyse beschreibt Verhaltensmuster, mit denen wir versuchen, uns selbst zu beweisen, dass wir „okay“ sind. Diese Verhaltensmuster wurden in der Kindheit geprägt und orientieren sich an Leitsätzen wie: „Sei stark!“ „Streng dich an!“ „Beeil dich!“ „Mach es allen recht!“ „Sei perfekt!“[2]

Wer z. B. das letzte Verhaltensmuster „Sei perfekt“ lebt, den wird der Vorwurf, einen Fehler gemacht zu haben, besonders hart treffen. Ein Mensch, dem es nicht so wichtig ist, immer alles richtig zu machen, kann gelassener bleiben.

Marion hat an sich selbst den Anspruch, keine Fehler zu machen, und danach bewertet sie sich selbst. Damit ist sie „hellhörig“ gegenüber Bemerkungen, die eine Kritik in diese Richtung sein könnten. Ausgesprochene Vorwürfe wie der ihres Chefs treffen sie tief.

Wenn die Äußerung den eigenen Zuständigkeitsbereich betrifft

Wann fühlen Sie sich für etwas „verantwortlich“? Wenn Sie freiwillig und persönlich eine Aufgabe übernommen haben. Dabei ist es gleichgültig, ob es sich um eine bezahlte oder eine ehrenamtliche Aufgabe handelt. Wozu wir uns selbst verpflichtet haben, das bindet uns mehr, als wozu uns andere verpflichten wollen. Wir sind damit zuständig und verantwortlich für die Resultate unseres Handelns in dieser Angelegenheit. Wenn Fehler im eigenen beruflichen Zuständigkeitsbereich passieren, dann steht die zuständige Person mit dem eigenen Namen für das Ergebnis der Arbeit ein.

Marion ist zuständig für das korrekte Schreiben der Angebote in ihrer Firma. Sie sieht, dass die Kritik ihres Chefs trotz der beleidigenden Form berechtigt ist. Und sie hatte sich an diesem Tag gegenüber Jürgen bereit erklärt, nach der Arbeit einzukaufen. Sie war verantwortlich und hört Jürgens Frage deshalb als Vorwurf.

---

[2] Die Transaktionsanalyse spricht auch von „Antreibern“. Vgl. dazu Gührs und Nowak 1998, S. 82.

Wenn die Selbstsicherheit geschwächt ist

Marion bleibt dagegen ganz gelassen, als ihre Kollegin nach der verschwundenen Datei sucht. Warum „hört" sie hier nicht eine versteckte Kritik heraus: „Hast du den Kunden falsch abgelegt?" Weil sie in Bezug auf diesen Arbeitsbereich sicher ist. Sie weiß, dass sie die Ablage sehr gut organisiert hat. Ohne weiteres kann sie der Kollegin die gesuchte Datei nennen. Marion ist sich ihres Könnens bewusst, hat in diesem Bereich ein positives Selbstbild, das nicht gleich erschüttert wird, wenn jemand kritisch daran rührt. Das schützt sie in gewissem Maße davor, sich zu stark persönlich angegriffen zu fühlen.

Marions Selbstsicherheit ist nach dem Gespräch mit Herrn Vollhardt geschwächt. Nicht nur die Beleidigung ist zu verarbeiten. Marion hat gemerkt, dass sie offenbar eine wichtige Information übersehen hat und dass ihrer Firma nun deswegen ein finanzieller Verlust droht. Ob der Fehler in ihren Zuständigkeitsbereich fällt oder ob jemand anderer versäumt hat, diese Information an sie weiterzugeben, müsste eigentlich noch geklärt werden. Ihr Chef bezweifelt mit seinem Angriff jedenfalls, dass sie für ihren Aufgabenbereich kompetent sei. – Jürgens Frage nach dem vergessenen Thymian wirkt danach wie Salz in der Wunde. Marions Selbstsicherheit hat zu diesem Zeitpunkt ein Tief erreicht: „Wenn ich es sowieso nicht richtig mache ..."

Erwartungen an und Beziehung zum Gesprächspartner

Stellen Sie sich vor, jemand sagt zu Ihnen: „Trottel!" –

- es ist eine fremde Person auf der Straße, die Sie aus Versehen angerempelt haben,
- es ist Ihr Freund, den Sie aus Versehen angerempelt haben.

In welchem Fall trifft Sie die Bemerkung mehr?
Je unverbindlicher die Beziehung zu einer Person, desto weniger verletzen einen Angriffe. Wenn der beste Freund oder die Führungskraft mich in Frage stellt, wiegt das schwer, denn Zusammenleben oder -arbeiten kann nur gut funktionieren auf der Basis gemeinsamer Wertschätzung. Kritik von Menschen, die

einem persönlich oder beruflich nahe stehen, wird deswegen im Allgemeinen sehr ernst genommen.

Mancher „Angriff" ist keiner

So kann einem auch eine sachliche Äußerung oder sachliche Kritik wie ein persönlicher Angriff vorkommen. Wer sich daraufhin betroffen entschuldigt oder wütend verteidigt, wird von Außenstehenden möglicherweise zu hören bekommen: „Bist du heute aber empfindlich!" oder „Reg' dich nicht gleich so auf! Ich meinte doch nur ..."

Zur Kunst, auf *sachliche Kritik* und *unsachliche Kritik* bzw. *Beleidigungen* angemessen zu reagieren, gehört die Fähigkeit, sie genau zu erkennen und sie voneinander unterscheiden zu können.

Was macht eine Äußerung zu einem Angriff?

Die folgenden drei Übungen werden Ihnen helfen, einen Angriff zu identifizieren. Sie werden auch erkennen, wann Ihnen Ihre innere Wahrnehmung (Phantasien, Vermutungen, Gefühle) eine Falle stellt und einen vermeintlichen Angriff vorgaukelt.

Fall 1: Sie hören eine sachliche Äußerung in scharfem Tonfall

Übung 1:
Sagen Sie zu einer Übungspartnerin einen unpersönlichen Satz, zum Beispiel: „Es ist viertel von fünf" oder „Die Tür ist zu."

Sagen Sie diesen Satz drei Mal, und das jeweils in verändertem Tonfall: das erste Mal mit heiterer Stimme, das zweite Mal neutral und nüchtern, das dritte Mal mit lauter und scharfer Stimme. Lassen Sie sich von Ihrer Partnerin beschreiben, wie der Satz in den verschiedenen Färbungen auf sie gewirkt hat und welchen Unterschied der Tonfall macht.

Eine sachliche Äußerung wird dann leicht als persönliche Kritik und als Angriff missverstanden, wenn der *Tonfall scharf* ist und wenn die angesprochene Person dazu die *Phantasie* hat, sie sei persönlich verantwortlich für den beschriebenen Zustand.

Beispiele für Sachaussagen mit kritischem Tonfall:
„Jetzt muss ich schon wieder tanken."
„Es bleibt alles an mir hängen."
„Wo ist denn die Fernsehzeitung (das Telefonbuch, die Tagesabrechnung ...), verdammt noch mal!"
„Wieso dauert das denn so lang?!"
„Und was soll das mir bringen?"
„Das ist Quatsch."

Wenn Sie eine solche sachbezogene Aussage hören,

- beobachten Sie bei sich, ob Ihr „schlechtes Gewissen" anspringt. Merken Sie es sich für später und richten Sie Ihre Aufmerksamkeit wieder auf Ihr Gegenüber.
- Sie können sich dann Zeit lassen und zuhören, was die Person eigentlich sagen will; fragen Sie z. B.: „Was meinen Sie?" Hat die Äußerung wirklich etwas mit Ihnen zu tun? Wenn ja, nehmen Sie dazu Stellung.
- Wenn Sie wollen, oder wenn es Ihre Aufgabe ist, helfen Sie der Person, ihr Problem zu lösen.

Individuelle Unterschiede

Ein „bellender" Ton in der Stimme ist nicht immer abwertend gemeint. Manche Menschen haben einen vergleichsweise lauten Umgangston. Auch einige „kühl" und dadurch kritisch wirkende Menschen sind einfach nur leidenschaftslos und sachlich.

Marion kennt Frau Schübler und weiß, dass Charme nicht deren Stärke ist. Sie hat sich schon damit abgefunden, dass sie sich gegenseitig nicht besonders mögen. Marion fühlt sich durch Frau Schüblers harschen Ton nicht persönlich angegriffen und denkt sich: „Die ist halt so."

Stimme als Ausdruck der Stimmung

Die Stimme eines Menschen sagt viel über dessen eigene Befindlichkeit aus.

Eine Erzieherin erzählte mir von ihrem Erlebnis mit einer gestressten Mutter. Diese Mutter holte ihr Kind nachmittags ab, begrüßte die Erzieherin kaum, suchte hektisch die Sachen ihres Kindes zusammen und fuhr schließlich die Erzieherin in herrischem Ton an: „Mein Gott, wo sind denn nun schon wieder die Hausschuhe!“

Machte die Mutter nun die Erzieherin dafür verantwortlich, dass die Schuhe verschwunden waren? Oder war die Mutter einfach nur gestresst und ärgerte sich darüber, dass es nicht schneller ging? – Die Erzieherin sagte, sie weiß es bis heute nicht. Sie selbst habe sich jedenfalls in diesem Moment nicht verantwortlich gemacht – denn die Kinder verlegten ihre Sachen immer wieder. Sie nahm den Stress der Mutter wahr und unterstützte sie beim Suchen. Die Mutter habe ihr dann beim Hinausrennen ein kurzes und erleichtert klingendes Dankeschön zugerufen.

Wenn Sie es mit „lärmenden“ Gesprächspartnern zu tun haben,

- überlegen Sie: Was sagt diese Person über sich selbst aus, indem sie so aggressiv spricht?
- Prüfen Sie für sich, ob Sie etwas mit der Sache zu tun haben (wollen) und welchen Standpunkt Sie dazu einnehmen.
- Wenn Sie im lauten Ton der Gesprächspartnerin einen versteckten Vorwurf vermuten, dann können Sie Ihr Gefühl überprüfen. Geben Sie eine Rückmeldung und fragen Sie: „Du sprichst gerade ziemlich laut. Was willst du mir damit sagen?“

Fall 2: Du-Botschaft – Der Gesprächspartner spricht Sie in scharfem Ton direkt an.

Übung 2:
Sagen Sie zu Ihrer Übungspartnerin einen wertungsfreien Satz, der die Partnerin direkt anspricht, z. B. „Du sitzt ruhig vor mir“ oder: „Warst du schon einkaufen?“

Variieren Sie den Satz dreimal (freundlich, sachlich, scharf und laut) und lassen Sie sich erzählen, wie sich die Wirkung Ihrer Äußerung verändert hat.

Eine Äußerung wird einem Angriff noch ähnlicher, wenn Sie mit lauter und harter Stimme *den Gesprächspartner direkt ansprechen* (Du-Botschaft), wenn also die angeredete Person in dem Satz vorkommt. Dass sie etwas mit der „Stimmung“ zu tun hat, die mitschwingt, steht nun außer Frage. Doch solange die Äußerung nicht abwertend formuliert ist, ist sie kein direkter Angriff.

Beispiele für personenbezogene Bemerkungen mit möglicher kritischer Bedeutung
„Hast *du* mein Buch noch?“
„Sie sind dafür zuständig, dass das hier läuft!“
„Wo waren *Sie* denn die ganze Zeit?“
„*Sie* haben ja nur fünf Seiten geschrieben!“
„Wieso haben *Sie* nicht die Farben verwendet, die ich wollte?“
„Haben *wir* (= *Sie* und ich) das nicht schon vor einer Stunde geklärt?“
„Können *Sie* die Sachen nicht dahin legen, wo sie hingehören?“

Fallen

Personenbezogene Aussagen mit dem „besonderen“ Ton in der Stimme lassen einen großen Interpretationsspielraum. Dadurch können spannungsreiche Situationen entstehen:

> *A*: *(aufgeregt und laut)* Wo waren Sie denn die ganze Zeit?
> ***B***: *(fühlt sich angegriffen und denkt: was habe ich jetzt schon wieder falsch gemacht? B antwortet sachlich:)* Da wo ich sein sollte. Bei der Arbeit.

A: Gut, dass Sie wieder da sind – Ich brauche Sie dringend, weil Frau X. schon zweimal nach Ihnen gefragt hat ...

Auch bei den neutralen, personenbezogenen Äußerungen gilt: Die Stimme Ihres Gesprächspartners sagt Ihnen nicht immer, was er von Ihnen hält. Die Stimme kann auch ausdrücken, wie sich Ihr Gesprächspartner mit sich selbst und Sache fühlt, über die er spricht.

Die Du-Botschaft wird allerdings gerne als Provokation missbraucht, um andere aus der Reserve zu locken. Scheinbar positive oder harmlose Sätze wie:

- „Da haben Sie sich aber gut vorbereitet, Frau Referentin", oder
- „Können Sie das denn verantworten?"

können Sie aufs Glatteis führen. Eine ärgerliche Antwort wird dann schnell quittiert: „Jetzt werden Sie doch nicht gleich emotional." Da hilft dann keine Rechtfertigung mehr. Sie können sich dann noch durch „Umdeuten" und Umlenken auf die Sache aus der Affäre ziehen: „Ja, ich rege mich auf, denn mir ist die Sache, um die es geht, sehr wichtig."

Wenn jemand Sie direkt anspricht und Sie das als Angriff empfinden, dann

- prüfen Sie rasch, ob Sie explizit abgewertet wurden („Sie" oder „du" in Verbindung mit einer abwertenden Bezeichnung). Wenn nicht, dann kann es sein, dass Sie sich „verhört" haben.
- Geben Sie dem sachlichen Kern eine Chance. Antworten Sie nur auf das angesprochene Thema, zum Beispiel: „Es freut mich, dass Sie meine *Vorbereitung* zu schätzen wissen." Auf die Frage nach der Verantwortung reagieren Sie sachlich mit einer Gegenfrage: „Wo konkret sehen Sie Schwierigkeiten?" oder Sie antworten wahrheitsgemäß mit „Ja".

Falls jemand vorhatte, Sie anzugreifen, dann wird derjenige jetzt deutlicher werden. Möglicherweise war die Äußerung aber harmlos, und Sie haben eine schwierige Situation gut bewältigt.

Reaktionsmöglichkeiten auf sachliche Kritik und neutrale Du-Botschaften

Mit folgenden Antwortmöglichkeiten reagieren Sie auf den sachlichen Kern einer spitzen Äußerung. Sie ignorieren damit den kritischen Tonfall und lenken das Gespräch in eine konstruktive Richtung.

1. Die Wiederholung

Wiederholen Sie einen Teil der kritischen Äußerung sinngemäß oder wörtlich. Damit gewinnen Sie Zeit oder zusätzliche Informationen:

> ***Kritikerin***: „Das ist Blödsinn. Wie soll das gehen?"
> ***Antwort***: „Sie glauben nicht daran, dass wir das schaffen?"
> ***Kritikerin***: „Ja, ich sehe nicht, wie das machbar wäre! Woher soll das Geld kommen, bitte schön? Wir haben auch zu viele andere Projekte im Moment."

... und schon sind Sie wieder sachlich beim Thema.

2. „Im Schuh des anderen stehen"

Diese Antwortmöglichkeit besteht aus zwei Schritten. Zuerst würdigen Sie das Anliegen des Gegenübers. Vielleicht schaffen Sie es, sich kurz in seine Lage zu versetzen. Worum geht es ihm? Im zweiten Schritt kehren Sie zur eigenen Position zurück und stellen Ihre Sichtweise daneben.

> ***Kritiker***: „Wieso dauert das denn so lange?!"
> ***Antwort***: „Ich verstehe, dass Sie es eilig haben. Mir wäre es auch lieber, wenn es schneller ginge. Ich fülle das Formular jetzt aus, in zehn Minuten haben Sie es."
> ***Kritiker***: „Gut, dann beeilen Sie sich bitte."

Tipp:

Vermeiden Sie bei dieser Technik bitte das Wort „aber“. Ein „und“ wirkt verbindlicher und ruft weniger Widerstand hervor.

Kritiker: „Wir sind die ganzen letzten Jahre ans Meer gefahren! Geht's nicht dieses Jahr ausnahmsweise anders?“
Antwort: „Du wünschst dir mal eine Abwechslung ... – und ich brauche einfach die Meeresluft für meine Atemwege und es stärkt meine Abwehrkräfte. Vielleicht finden wir eine Lösung für uns beide?“

Kritikerin: „Haben wir das nicht schon vor einer Stunde geklärt?“
Antwort: „Ja, vor einer Stunde haben wir das Programm geklärt. Und nun möchte ich wissen, wer sich wie genau an der Vorbereitung beteiligt.“

Tipp:

Für den Umgang mit Reklamationen und Kundenbeschwerden gibt es eine interessante Variante dieser Technik[3]:

Verständnis äußern und ein Hilfsangebot machen.

Kunde: „Bekommt man bei Ihnen nur Second-Hand-Ware oder was? Das Gerät funktioniert schon wieder nicht!“
Antwort: „Oh, das ist *wirklich sehr ärgerlich. Damit ich Ihnen helfen kann,* brauche ich den Kassenzettel. Haben Sie ihn dabei?“

3. Gemeinsame Ziele und Interessen betonen

Kritiker: „Eine Grünfläche aus der freiwerdenden Fläche zu machen ist völlig unwirtschaftlich gedacht!“
Antwort: „Uns allen ist es wichtig, die Stadt auch für ältere Menschen attraktiver zu gestalten. Eine Grünanlage würde der Erholung dienen!“

Kritikerin: „Jetzt muss ich schon wieder tanken!“
Antwort: „Wir beide wollten gestern schnell nach Hause kommen und haben bewusst darauf verzichtet.“

---

[3] G. Fey 2002, S. 121 ff.

4. Konkretisierendes Nachfragen (vgl. S. 100f.)

Fragen Sie nach der Bedeutung der emotional aufgeladenen, unkonkreten Wörter.

> ***Kritiker***: „Sie haben ein großes Chaos hinterlassen!"
> ***Antwort***: „Was meinen Sie mit ‚Chaos'?"
>
> ***Kritikerin***: „Können Sie die Sachen nicht dahin legen, wo sie hingehören?"
> ***Antwort***: „Wo gehört was hin?"
> ***Kritikerin***: „Das Papier gehört in den Schrank."
> ***Antwort***: „Ja, stimmt."

Tipp:

Mit der konkretisierenden Nachfrage bringen Sie Ihr Gegenüber dazu, die Sache, die er oder sie kritisiert, genauer und damit sachlicher zu beschreiben.

Wenn Sie diese Technik bei persönlichen Beleidigungen anwenden, wird eine Beleidigung mit dieser Fragetechnik versachlicht. Beispiel: „Seien Sie nicht so zickig!" – „Was meinen Sie mit ‚zickig'?"

Vorsicht! Wenn Ihr Gesprächspartner noch emotional aufgeladen ist, dann fordern Sie ihn möglicherweise mit dieser Technik zunächst zu weiteren beleidigenden Ausdrücken heraus. Fragen Sie auch hier stetig weiter konkretisierend nach, bis Sie eine sachliche Antwort haben.

5. Umdeuten

Geben Sie dem Angriff eine Bedeutung, der Sie zustimmen können.

> ***Kritiker***: „Sie gehen ja schon wieder in die Pause!"
> ***Antwort***: „Ja, ich gehe jetzt nach drei Stunden Arbeit in meine wohlverdiente Mittagspause. Bis später!"

Kritikerin: „Das ist doch banal!“
Antwort: „Wenn Sie mit ‚banal‘ meinen, dass es leicht durchzuführen ist, dann stimme ich Ihnen zu.“

6. „Gerade weil“-Technik

Benutzen Sie ein Argument des Gegners und wenden Sie es in Ihre Richtung.

Kritiker: „Die Schüler sind so schlecht, die können wir unmöglich auf den Klassenausflug lassen. Das scheint mir verantwortungslos!“
Antwort: „Gerade weil sie nicht gut in der Schule sind, wird ein Ausflug sie wieder motivieren. Außerdem stärkt der Ausflug den Klassenverband.“

Kritikerin: „Sie sind verantwortlich, wenn etwas schief läuft!“
Antwort: „Ja, und weil ich zuständig bin, können Sie mir die Entscheidung ruhig überlassen.“

7. Sachliche Antwort

Manchmal vermuten wir mehr hinter einer Äußerung, als da wirklich ist. Eine sachliche Antwort genügt.

Kritiker: „Hast Du die Einkaufsliste wieder vergessen?“
Antwort: „Ja, leider.“

Kritikerin: „Wo waren Sie denn die ganze Zeit?“
Antwort: „Bei Frau Schmidt.“

Kritiker: „Sie haben ja nur fünf Seiten geschrieben!“
Antwort: „Ja, fünf Seiten. Darauf steht alles, was Sie wissen wollten, sehen Sie ...“

Tipp:
Hören Sie bei Kritik bewusst darauf, welche sachliche Mitteilung in ihr steckt. Damit gewichten Sie, was an der Äußerung wirklich wesentlich ist. Wenn Sie einen Fehler gemacht haben, geben Sie es zu, auch das beweist Souveränität.

Fall 3: Beleidigung – Sie werden mit der Äußerung abgewertet.

Übung 3:
Sagen Sie zu Ihrer Übungspartnerin einen abwertenden Satz, zum Beispiel: „Du Schlamperin“ oder „Du hast dich unmöglich benommen“ – einmal freundlich, einmal neutral, einmal scharf und laut. – Wie ist die Wirkung dieses Mal?

Eine Äußerung ist eindeutig ein Angriff, wenn der Gesprächspartner in der Äußerung abgewertet wird (negative Du-Botschaft). Das gilt unabhängig von dem Klang der Stimme. Eine freundliche Stimme wirkt zu einer ausgesprochenen negativen Du-Botschaft unglaubwürdig, ironisch oder bösartig.

In einer Klinik arbeitete ich mit acht Stationsleiterinnen, und wir besprachen schwierige berufliche Situationen. Eine Stationsleiterin, 50 Jahre alt, seit 15 Jahren an der Klinik, überlegte gerade, ob sie kündigen würde. Der Pflegedienstleiter hatte ihr in einer fachlichen Auseinandersetzung an den Kopf geworfen: „Sie sind inkompetent und primitiv!“

So eine Äußerung sagt mehr über die Qualifikation der Führungskraft aus als über die der Mitarbeiterin – darin war sich die Gruppe einig.

Doch an seinen Worten gab es wenig zu interpretieren. Was die Stationsleiterin zu hören bekam, war eine deutliche und direkte Beleidigung. Sie hatte lediglich noch die Möglichkeit, zu entscheiden, ob sie unmittelbar darauf reagieren wollte oder erst später (siehe Stichwort „Schlagfertigkeit“ S. 43ff.).

Wenn Sie zu solchen Beleidigungen nicht Stellung nehmen, dann erlauben Sie dem Angreifer weitere Ausfälle. Und wie sorgen Sie für Ihr Selbstwertgefühl, wenn Sie dem Angreifer, mit dem Sie tagtäglich arbeiten und leben, kein Stopp-Signal geben?

Was ist eine angemessene Reaktion bei Beleidigungen?

„Schlagfertig reagieren“ heißt nicht immer schnell reagieren! Lassen Sie sich nicht zur Marionette eines Angreifers machen, der kunstvoll an Ihren emotionalen Fäden zieht, um Sie in die Luft gehen zu lassen:

Schlagfertig ist, was einem hinterher einfällt und woraus man einen Vorteil für das nächste Mal gewinnt![4]

Sinnvoller als ein „Gegenschlag“ und das Ziel, den anderen zu übertreffen, ist es

- Zeit zu gewinnen, damit Sie aus dem Schockzustand herauskommen und wieder handlungsfähig werden bzw. eine passende Reaktion finden können,
- das Gespräch aktiv auf eine sachliche Ebene zurückzulenken,
- den Angreifer zu bremsen und evtl. zum Nachdenken zu bringen,
- die langfristigen Folgen für den Kontakt zur anderen Person zu bedenken (hat eine gute Beziehung Vorteile für Sie oder ist sie Ihnen egal?),
- den eigenen sachlichen Standpunkt wirkungsvoll zu vertreten,
- gegebenenfalls Grenzen zu setzen und Ihr Ansehen zu schützen.

Weitere Beispiele für Beleidigungen

„*Ohne Sie* geht's einfach *besser*.“
„*Sie lügen* ja wie gedruckt!“
„*Oh nein, nicht* schon wieder *Sie* ...“
„*Sie* haben ja überhaupt *keine Ahnung*.“
„Da arbeite ich *lieber umsonst als mit Ihnen*.“
„*Du* bist so *gemein*.“
„*Du Schwein*.“

---

[4] Vgl. Fey und Fey 1999, S. 30ff.

Reaktionsmöglichkeiten nach verletzender Kritik und Beleidigungen

Wenn Sie im Angriff persönlich abgewertet werden, tritt das Thema der Auseinandersetzung in den Hintergrund. Nun ist es wichtig, dass Sie sich zunächst als Gesprächspartnerin (wieder) Anerkennung und Respekt verschaffen. Der Angreifer oder die Angreiferin sollte erkennen, dass er bzw. sie hier eine Grenze berührt oder überschritten hat. Setzen Sie ein für ihn oder sie deutliches Stopp-Signal.

Einige der folgenden Varianten werden wie ein „Schuss vor den Bug" wirken, und sie können die Situation sogar kurzfristig eskalieren. Das Ziel ist es, den Gegner zu irritieren und aus der Fassung zu bringen. Wenn das gelungen ist, sollten Sie das Gespräch in jedem Fall wieder auf sachliche, themenbezogene Bahnen lenken. Dazu eignen sich ergänzend die oben genannten sachlichen Antwortmöglichkeiten.

Nehmen Sie bei der Reaktion auf Beleidigungen körpersprachlich eine gerade Haltung ein, stehen Sie auf beiden Füßen und sprechen Sie mit fester Stimme. Blicken Sie dem Gesprächspartner offen ins Gesicht.

1. Stopp und Konfrontation

Ziehen Sie eine deutliche Grenze. Unterbrechen Sie das Gespräch und konfrontieren Sie die angreifende Person mit der Bedeutung, die der Angriff für Sie hat.

> ***Angriff***: „Sie sind inkompetent und primitiv!"
> ***Antwort***: „Sie beleidigen mich."

... und dann schweigen Sie!

> ***Angriff***: „Sie lügen ja wie gedruckt!"
> ***Antwort***: „Moment mal – da bin ich fassungslos ... Sie sagen, dass ich lüge? Wie kommen Sie zu dieser Behauptung?"

Tipp:

Möglicherweise sollten Sie diese Grenze mehrfach deutlich aussprechen. Wenn Ihr Gegenüber in Rage ist, wird ihr „Stopp-Signal" überhört, ja es kann sogar dazu führen, dass sich Ihr Gegenüber noch mehr aufregt. Verstehen Sie dies als das Schreien dessen, der im Unrecht ist. Und haben Sie Mut zur – auch mehrfachen – Wiederholung: „Das war eine Beleidigung. Ich erwarte von Ihnen, dass Sie das zurücknehmen, bevor wir weitersprechen." Es ist für den anderen leichter, eine Äußerung zurückzunehmen, als sich dafür zu entschuldigen.

Angriff: „Oh nein, nicht schon wieder Sie ...!"
Antwort: „Stopp mal. So will ich nicht anfangen. Was ist los?"

2. An die Spielregeln erinnern

Kommen Sie auf die Spielregeln für das Gespräch zu sprechen. Klären Sie ihre Gültigkeit ab, bevor Sie zum Thema zurückkehren.

Angriff: *(ins Wort fallend)*: „... das ist Quatsch, das ist unmöglich!"
Antwort: „Sie haben mich schon zum zweiten Mal unterbrochen. Ich schlage vor, wir lassen einander ausreden. Sind Sie damit einverstanden?"

Angriff: „Ohne Sie geht es einfach besser!"
Antwort: „Was Sie sagen, verletzt mich. Ich verstehe nicht, was Sie damit meinen. Sagen Sie es mir bitte sachlich und konkret, dann weiß ich, was Sie stört."

Angriff: „Wenn du so denkst, dann vergiss es. Was soll ich mit einer Idealistin über Zahlen reden?"
Antwort: „Ich möchte diesen Punkt mit dir in Ruhe besprechen. Hör bitte mit den Sticheleien auf."

Auch die folgenden Möglichkeiten sind denkbar, um jemanden in seinen persönlichen Angriffen zu stoppen.

Seien Sie darauf gefasst, dass die Möglichkeiten 3, 4 und 5 eine (kurzfristige) Verschärfung der Situation hervorrufen können.

3. Den Spieß umdrehen

Sie fordern den Angreifer auf, etwas Positives zu sagen statt anzugreifen

Angriff: „Das haben Sie sich wohl gestern Nacht ausgedacht! Mit schlafwandlerischer Sicherheit einen Blödsinn verzapft!"
Antwort: „Also, ich finde meinen Vorschlag gut. Im Übrigen – machen Sie doch selbst einen Vorschlag, der etwas zu Problemlösung beiträgt! So etwas fände ich sinnvoller als Ihre Kritik."

Angriff: „Du bist so egoistisch und denkst nur an dich!"
Antwort: „Dann sag du mir doch, was du willst!"

4. „Du hast Recht und ich meine Ruhe ..."

Sie loben den Angreifer oder stimmen ihm übertrieben zu. Sie wenden damit den Angriff ins Absurde. In der danach entstehenden Pause können Sie das sachliche Gespräch wieder aufnehmen.

Angriff: „Du hast dich auf dem Fest unmöglich benommen. Es war sehr peinlich!"
Antwort: „Wenn es dir hilft: Du hast Recht."

Angriff: „Du Schwein."
Antwort: „Ich bewundere, wie differenziert du dich ausdrücken kannst."

Angriff: „Sie lügen ja wie gedruckt!"
Antwort: „Ja, stimmt. Kein einziger Satz, den ich gesagt habe, ist wahr. Ich lüge grundsätzlich, vor allem in dieser Angelegenheit."

5. Das unpassende Sprichwort[5]

Sie antworten nicht inhaltlich, sondern mit einem Spruch:

> ***Angriff***: „Das Kleid hatten Sie doch schon letztes Jahr an! Immer en vogue, nicht wahr?"
> ***Antwort***: „Eine Schwalbe macht noch keinen Sommer" (oder: „Kindermund tut Wahrheit kund" oder: „Lieber breit grinsen als schmal denken" oder...).

Diese Taktik ist sehr verwirrend und voller Anspielungen. Die Angreiferin kann die Bemerkung nicht einordnen, wird irritiert und weiß möglicherweise nichts zu sagen – Sie können derweil das Gespräch wieder aufnehmen und in sachliche Bahnen lenken.

Tipp:

Wenn es laut geworden ist, können Sie Ihre Gesprächspartnerin folgendermaßen zu einem ruhigeren Gesprächston zurückführen: Achten Sie darauf, beim Sprechen knapp unter der Lautstärke der Angreiferin zu bleiben. Wenn die andere dann einmal, statt Sie persönlich anzugreifen, auf die kritische Sache zu sprechen kommt, werden Sie sofort deutlich ruhiger in der Stimme. Das wird auch Ihre Gesprächspartnerin beeinflussen, ruhiger zu werden und sich eher auf den sachlichen Aspekt zu konzentrieren.

6. Den Zweck des Angriffs thematisieren

Sie sprechen Ihre Vermutungen darüber aus, warum man Sie angreift.

> ***Angriff***: „Welcher Phantast ist denn auf *die* Idee gekommen!"
> ***Antwort***: „Sie versuchen, meine zugegebenermaßen etwas ungewöhnliche Idee als ‚utopisch' darzustellen und sie damit abzuwerten, anstatt sich erst einmal zu überlegen, was daran machbar ist."

---

[5] Vgl. Berckhan 1998, S. 72.

Angriff: „Sie wissen wohl alles besser!"
Antwort: „Vielleicht interessiert es Sie nicht wirklich, die preisgünstigste Lösung zu finden, und der Name des Architekten ist für Sie das entscheidende Kriterium?

Angriff: „Na, Sie als Frau haben doch da ganz andere Möglichkeiten!" (Anspielung)
Antwort: „Wenn Sie damit versuchen, mich von meinem Vorhaben abzubringen, dann muss ich Sie enttäuschen."

7. Die unerwartete Wendung

Sie nehmen dem Angriff die Schärfe, indem Sie ihm eine neue, vielleicht sogar humorvolle Bedeutung geben.

Angriff: „Welcher Phantast ist denn auf *die* Idee gekommen!"
Antwort: „Ich finde meine Idee auch phantastisch."

Angriff: „Kommen Sie immer zu spät?"
Antwort: „Nun, zumindest gestern zu spät aus dem Büro ..."

Angriff: „Oh nein, nicht schon wieder Sie ..."
Antwort: „Ja, ich bin bekannt für meine Beharrlichkeit!"

Zeigen Sie ungebrochenen Optimismus!

Schlagfertig ist, was einem hinterher einfällt ...

Sticheleien, Vorwürfe, aggressive Bemerkungen und persönliche Beleidigungen treffen einen „von hinten durch die Brust ins Auge": Sie kommen unversehens, sie lösen schlechte Gefühle aus und können einen ziemlich blockieren. Es dauert eine Weile, bis man „sieht", was eigentlich geschehen ist. Dann ist es allerdings für eine prompte, schlagfertige Antwort zu spät. Wenn Sie zu den Menschen gehören, die sich nach einer Verbalattacke wie gelähmt fühlen, dann ist der folgende Abschnitt für Sie geschrieben.

Pro und Contra Schlagfertigkeit

Schlagfertigkeit sichert einem die „Gewinner-Position“ in der Öffentlichkeit. Bewundernswert, wer die Provokation sofort passend beantworten, mit einem Satz die spitze Zunge schachmatt setzen und die Lacher auf die eigene Seite ziehen kann!

Wir gehen regelmäßig in die Sauna, und an einem Samstag unterhielt uns ein junger Bademeister mit seiner Schlagfertigkeit. Er hatte „Melisse und Ananas“ als seine spezielle erfrischende Kreation angekündigt. Erwartungsvolle Stille machte sich breit, während der erste Aufguss zischte. Ein junger Typ neben mir kommentierte die Handlungen, während alle anderen in Ruhe schwitzten: „Mmh, das ist wie ein Löffel Medizin mit einem Stück Ananas drauf.“ Der Bademeister fing inzwischen an zu wedeln, und mein Nachbar nahm den zweiten Anlauf: „Also wirklich, riecht gut – Hilft das auch gegen Halsweh?“ Der Bademeister wedelte gelassen weiter: „Gegen Schwätzer hilft’s jedenfalls nicht.“

In politischen Veranstaltungen werden manche Zwischenrufe sogar inszeniert, um dem Politiker die Möglichkeit zu geben, sich als schlagfertig zu präsentieren.

Schlagfertige Antworten können andererseits auch „nach hinten“ losgehen.

In einer Seminarpause erzählte mir ein älterer Mann, der in Berlin in den 60er-Jahren Physikstudent war, von seiner Zwischenprüfung. Er kam als Prüfling in das Professorenzimmer, und der Professor zog seine Taschenuhr aus der Jacke. Er begann das Pendel hin und her zu schwingen und fragte mit Blick über die Brille: „Was ist das?“ – Der Student antwortete: „Es ist nicht alles Gold, was glänzt“ – und wurde hinausgeworfen ...

Ich weiß von einer Kollegin, die am zweiten Tag eines Zeitmanagement-Seminars von einem unmotivierten Teilnehmer gefragt wurde: „Können Sie nicht eine bisschen schneller reden? Dann sind wir schneller fertig.“ Sie war um eine schlagfertige Antwort nicht verlegen: „Dann kommen Sie ja gar nicht mehr mit!“ und erntete brüllendes Gelächter von den anderen Teilnehmenden. – Allerdings ist sie von dieser Firma nicht mehr eingeladen worden. Vielleicht hatte der Teilnehmer einen guten Draht zur Abteilung Personalentwicklung?

Was erhoffen Sie sich von einer schlagfertigen Antwort? Dass der Angreifer plötzlich nachgibt? Dass er oder sie lacht? Oder gar still ist? – Schlagfertigkeit wirkt leider zu oft nicht in diesem Sinne. Ein physikalisches Gesetz lautet: Druck erzeugt Gegendruck. Nicht anders funktioniert ein verbaler Schlagabtausch. Das Wort „schlagfertig" bedeutet „bereit sein, zuzuschlagen"! Wenn Ihre schlagfertige Antwort „sitzt" und den Angreifer „getroffen" hat, sollten Sie mit erneuten verbalen Gegenattacken rechnen. Weil auch verbale Schläge Gefühle wie Angst und Wut auslösen, fällt eine Reaktion oft aggressiver aus als der ursprüngliche Angriff. Die Situation kann leicht eskalieren. Möglicherweise bleiben am Schluss nicht nur einer, sondern zwei Verlierer zurück, denn die Beziehung zwischen beiden ist beschädigt. Keine Antwort zu haben ist so gesehen eine „vor-sichtigere" Reaktion als ein Schlagabtausch! Übrigens kenne ich einige Menschen, die sich genau diese Fähigkeit wünschen: nach außen hin „cool" zu scheinen und nicht auf eine Provokation zu reagieren.

Wenn es Ihnen leicht die Sprache verschlägt

Hier einige Verhaltensweisen, die Ihnen beim Überbrücken der ersten Schrecksekunden helfen können und die Sie handlungsfähig machen:

- Atmen Sie! Falls Ihnen vor Schreck der Atem stockt, versorgen Sie Ihr Gehirn wieder mit dem wichtigen Sauerstoff, den es zum Denken und Reagieren braucht!
- Gehen Sie (innerlich oder auch äußerlich) einen Schritt zur Seite. Der Schritt zur Seite wirkt souveräner als ein Schritt zurück, schafft Distanz und Sie lassen den Angriff dadurch an sich „vorbeiziehen".
- Ziehen Sie die Augenbrauen hoch. Es wird Ihnen unmöglich sein, sich in den Ärger hineinzusteigern, denn gehobene Augen-

brauen versetzen Sie in einen Zustand des Erstaunens. Ihre Sinne werden wacher.

- Sehen Sie Ihr Gegenüber direkt an, betrachten Sie die Person vor Ihnen, ohne etwas zu sagen.
- Geben Sie sich die Erlaubnis, nicht schlagfertig zu sein. Das ist in Ordnung.
- Wenn Sie etwas sagen wollen und noch keine passende Antwort parat haben, begnügen Sie sich mit einer kurzen, ein- oder zweisilbigen Äußerung, wie z.B. „Ups!“, „Aha.“, „Ach was!“, „Wie bitte?“, „Moment ...“, „Sag bloß.“

Nachbereitung ist Vorsorge!

Auf Angriffe angemessen zu reagieren ist oft lebenslange Übung. Erlauben Sie sich für die Zwischenzeit, *nicht* schlagfertig zu sein, denn es gibt andere Möglichkeiten, angemessen zu reagieren. Um noch souveräner zu werden, können Sie zusätzlich Folgendes tun:

- Ärgern Sie sich nicht, dass ihnen die passende Antwort *hinterher* eingefallen ist. Seien Sie nett zu sich selbst und erkennen Sie sich selbst dafür an, *dass* ihnen später eine gute Antwort für diese Situation einfällt. Schreiben Sie den Angriff und Ihre passende Antwort dazu auf, z.B. in ein kleines Notizbuch.
- Machen Sie „Trockenübungen“: Schreiben Sie Angriffe auf, die Ihnen einfallen oder die Sie erlebt haben. Finden Sie dazu einige passende Antworten, z.B. mit Hilfe der oben vorgestellten Möglichkeiten.
- Warum nicht in Gedanken die Szene nochmals zu Ihrem Vorteil ausdenken und sich an diesem Kopfkino freuen? Sie speichern auf diesem Weg eine alternative positive Erfahrung ab, die Sie für die nächste schwierige Situation stärkt.
- Spüren Sie auch der verletzenden Äußerung noch einmal nach: Welchen wunden Punkt hat der Angriff bei Ihnen getroffen? Was können Sie für sich selbst tun, um weniger verletzlich zu sein?

- Halten Sie Augen und Ohren offen und sammeln Sie schlagfertige Antworten von anderen Personen auf Karteikärtchen oder in Ihrem kleinen Notizbuch. Lernen Sie am Beispiel.

Außerdem können Sie die Antwortmöglichkeiten auf Kritik und persönliche Angriffe gezielt einüben, indem Sie sich jeweils eine Technik für zwei Wochen bewusst vornehmen. Schreiben Sie sich eine Erinnerungshilfe auf ein (verstecktes) Kärtchen. Sie werden dann häufiger an diese Antwortmöglichkeit denken. – Ich wünsche Ihnen, dass Sie diese Hilfe selten brauchen werden!

Kapitel 3

Willst du eine ehrliche Antwort?

Wie Sie Nein sagen, wenn Sie Nein meinen

10. Dezember 2002
Jürgen und ich wollen dieses Jahr mit Doris und Felix Weihnachten feiern. Unsere Kinder verstehen sich prima, und die beiden sind uns in diesem Jahr richtig ans Herz gewachsen. Jetzt rief gerade Mama an und fragte: „Kommt ihr Heiligabend wieder zu uns?" Ich verstehe ja, dass sie uns gerne bei sich haben will. Gerade auch wegen der Kinder. Ich hab so etwas in der Art gesagt: „... eigentlich schon gerne, ich bin mir noch nicht sicher, Jürgen und ich überlegen noch ..." – Sie war dann enttäuscht. Vielleicht denkt sie jetzt, wir wollen nicht mehr mit ihr und Papa feiern. Ich werde noch mal mit Jürgen darüber reden.

Fest ausgemacht ist das ja mit Doris und Felix noch nicht. Wir könnten die beiden ja auch noch zum Kaffee am ersten Weihnachtsfeiertag treffen ... Nein – ich möchte dieses Weihnachten einfach mal gerne anders feiern als sonst.

Es fällt mir schwer, Nein zu sagen. Am Freitag vor zwei Wochen rief mich Jutta an und fragte, ob ich am Samstagabend für sie Babysitten könnte. Sie und ihr Mann hatten kurzfristig eine Einladung in das neue Musical bekommen und sollten sofort zusagen. Ich habe es nicht fertig gebracht, ihr das abzuschlagen, obwohl Jürgen und ich Samstagabend essen gehen wollten. Ich dachte, wenn ich jetzt Nein sage, dann ist sie von mir enttäuscht. Also sagte ich Ja. Als ich Jürgen fragte, ob wir unser Abendessen verschieben könnten, war er sauer. Ich erklärte ihm, dass Jutta eben meine Hilfe brauchte. Und dann sagte er: „Dir ist also Juttas Vergnügen wichtiger als unseres?"

Waren Sie schon einmal mit einer Bitte oder einer unangenehmen Forderung konfrontiert, die Sie eigentlich gerne abgelehnt hätten – und es ist Ihnen schwer gefallen, das zu tun? Wie reagieren Sie auf eine Frage, bei der Ihnen als einzige passende Antwort ein „Jein ..." einfällt?

Nicht Nein sagen zu können heißt noch lange nicht, immer Ja zu sagen. Es gibt verschiedene Spielarten, in dieses „Jein" zu verrutschen – zu welcher neigen Sie?

Variante 1: Erst Ja, dann Nein

Marion gibt nach, als ihre Mutter wegen Heiligabend anfragt, und sie verspricht ihr: „Wir feiern mit euch!" Später erinnert sie sich an die Idee, das Fest „einmal anders" zu feiern. Als sie die Vorfreude der Freunde spürt, ändert sie ihre Meinung wieder und vertröstet ihre Mutter auf den ersten Feiertag.

Variante 2: Erst Nein, dann Ja

Marion hängt an ihrer Idee, mit Doris und Felix an Heiligabend zusammen zu sein, und sie sagt das auch ihrer Mutter. – Die Vorstellung ihrer nun „einsamen" Eltern lässt sie danach nicht los, und nach einigen Gesprächen mit Jürgen – und weil sie mit Doris und Felix sowieso noch nicht fest verabredet waren – sagt sie nun doch ihren Eltern zu.

Variante 3: Halbherziges Ja

Marion fällt es in dem Gespräch mit ihrer Mutter schwer, einen klaren Gedanken zu fassen. Sie bestätigt ihre Mutter darin, dass es ja zu Hause immer nett war ... ob die Eltern nicht auch schon einmal daran gedacht hätten, Weihnachten anders zu feiern? Sicher, zu Hause ist es am schönsten ... Ja doch, ihr, Marion, hat es letztes Jahr schon gut gefallen, und den Kindern auch ...

Marion mit Grabesstimme ins Telefon: „Natürlich wird es ihnen dieses Jahr wieder Spaß machen ... Mal sehen ... Nein, nein, wir haben noch nichts fest ausgemacht ... ja, wenn ich kann. In Ordnung, wir feiern bei euch." Marion legt auf und seufzt.

Variante 4: Ja gesagt, Nein gemeint

Marion wird am Ende des Gesprächs ungeduldig: „Also wenn *du* es willst – dann kommen wir Heiligabend zu Euch!" Sie wirft den Hörer auf die Gabel und schüttelt den Kopf. Sie wird ganz sicher nicht bei ihren Eltern feiern! So schon gar nicht!

Diese verschiedenen Varianten des „Jein“ haben eines gemeinsam: Sie entstehen aus einem inneren Zwiespalt.

Wer die Pistole auf die Brust gesetzt bekommt, wie Marion von ihrer Freundin Jutta („Bitte hilf mir jetzt sofort!“), oder wer befürchtet, jemanden mit einem Nein vor den Kopf zu stoßen, befindet sich in einer Zwickmühle. Innerlich kämpft das „einerseits Ja“ gegen das „andererseits Nein“. Es fällt in so einer Situation nicht leicht, Stellung zu beziehen, weil die eigene Entscheidung noch nicht gefallen ist. Unter zeitlichem Druck ist eine passende Antwort noch schwieriger zu finden.

Beim Gesprächspartner kommen durch das innere Hin und Her zweideutige, unklare Signale an. Marion vermutet nicht ohne Grund, dass ihr Zögern von ihrer Mutter auch als Ablehnung verstanden wurde. Sie hat nun neben der eigenen Unklarheit auch noch das Missverständnis mit der Mutter auszuräumen.

Wenn ein klares Nein nicht möglich ist

Grund Nr. 1: Fehlende Klarheit unter Zeitdruck

In den ersten drei Varianten braucht Marion eine Bedenkzeit, um ihre Wünsche zu klären und eine Entscheidung zu finden.

Es gibt Alternativen zu einem unklaren „Jein“ oder zu einer vorläufigen Antwort, die Sie später wieder zurücknehmen.

Tipp:

Wenn Sie vorzeitig Stellung beziehen sollen, können Sie zumindest mitteilen, wie es Ihnen mit der Situation geht.

Entscheiden Sie sich nicht und stehen Sie dazu

Wenn Sie im Moment etwas (noch) nicht entscheiden können oder wollen, dann erlauben Sie sich, *nicht* zu entscheiden. Sie haben die Möglichkeit, genau das mitzuteilen. Legen Sie Ihre Karten offen auf den Tisch und belassen Sie es dabei. Seien Sie klar in dieser Aussage und lassen Sie sich nicht drängen!

Tipp:

Sagen Sie: „Ich kann das im Moment nicht entscheiden."

Wenn Sie wollen, sprechen Sie Ihren inneren Dialog laut aus: „Einerseits ... – andererseits ..." Dabei können Sie es belassen!

Wenn Ihr Gesprächspartner Sie weiter bedrängt, weisen Sie auf die Nachteile einer vorschnellen Entscheidung hin.

Marion könnte ihrer Mutter zum Beispiel sagen: *„ ... weißt du, einerseits möchten wir sehr gerne mit euch feiern, andererseits wollten wir Heiligabend dieses Jahr mit Doris und Felix verbringen."* Wenn ihre Mutter weiterargumentiert, bleibt Marion bei diesem Muster: *„Ja, einerseits würde es uns sicher dieses Jahr wieder Spaß machen. Andererseits wollten wir dieses Jahr anders feiern."*

Marions Antwort an Jutta könnte lauten: *„Jutta, ich möchte dir einerseits helfen, andererseits habe ich mich bereits mit Jürgen verabredet. Ich kann das im Moment nicht alleine entscheiden, denn ihn betrifft das auch."* Jutta versucht ihr eine Zusage abzuringen, und Marion antwortet: „*Ich kann dir jetzt vorläufig zusagen, aber was nützt dir das, wenn ich das nachher wieder rückgängig mache?"*

Gewinnen Sie Zeit für ihre eigene Antwort

Eine weitere Möglichkeit, vor einer Antwort Zeit und Klarheit zu gewinnen ist es, Fragen zu stellen:

Tipp:

Fragen Sie nach! Stellen Sie offene Fragen (vgl. S. 99 f.)! Sie gewinnen nicht nur Zeit, sondern auch Informationen, die für Sie im eigentlichen Wortsinn „entscheidend" sein können – in Richtung „Ja" oder „Nein".

Marion: „Jutta, wer könnte noch auf die Kleine aufpassen?"
Jutta: „Ich weiß nicht ... vielleicht meine Schwester, aber die ist Samstagabend auch immer weg."
Marion: „Was gibt es noch für Möglichkeiten?"
Jutta: „So schnell fällt mir gerade keine ein ..."

Marion: „Wie wäre es, wenn du deine Schwester anrufst? Ich versuche inzwischen, Jürgen zu erreichen. Vielleicht finden wir so eine Lösung."

Tipp:

Bitten Sie um Bedenkzeit! Zehn Minuten „Auszeit" reichen oft aus, um sich zu besinnen, in Ruhe zu überlegen und die für einen selbst passende Entscheidung zu finden.

Marion: „Jutta, gib mir fünf Minuten zum Überlegen, ich rufe dich gleich zurück."

In der gewonnenen Denk-Pause können Sie sich ganz auf sich konzentrieren und Ihre Entscheidung abwägen. Sie können auch kurz mit einer vertrauten Person sprechen. Warum nicht rasch dort anrufen, um Entscheidungshilfe zu bekommen?

Tipp:

Schreiben Sie vor dem Rückruf Ihre Antwort auf oder formulieren Sie laut, was Sie sagen wollen.

Übrigens: Wenn Sie nicht am Telefon, sondern in einem persönlichen Gespräch sind, dann lassen Sie das fragliche Thema einfach eine Weile ruhen. Verschieben Sie die Antwort. Sprechen Sie eine Zeit lang über etwas anderes und kommen später auf die Entscheidungsfrage zurück.

Es gilt, die Lösungslosigkeit auszuhalten! Die erste und nahe liegendste Antwort ist nicht immer die beste. Wenn Sie mit der Gesprächspartnerin über die Situation und mögliche Lösungen sprechen, zeigen Sie ihr Wertschätzung und schenken ihr Aufmerksamkeit. Und während Sie gemeinsam nachdenken, wird Ihnen ohne Zeitdruck klar werden, wie Sie selbst entscheiden wollen. Lesen Sie einmal bei Heinrich von Kleist nach, wie sich beim Sprechen die Gedanken von selbst ordnen: „Wenn du etwas wissen willst und es durch Meditation nicht finden kannst, so rate ich dir [...], mit dem nächsten Bekannten, der dir aufstößt, darüber zu sprechen. Es braucht nicht eben ein scharfdenkender Kopf zu sein, auch meine ich es nicht so, als ob du ihn darum befragen solltest: nein! Vielmehr sollst du es ihm selber allererst erzählen. [...] Der Franzose sagt, l'appétit vient en mangeant, und dieser Erfahrungssatz bleibt wahr, wenn man ihn parodiert, und sagt, l'idée vient en parlant."[6]

Grund Nr. 2: Sorge, die Beziehung zu belasten

Marion fällt das Nein schwer, wenn sie befürchtet, dass sie damit einen lieben Menschen, eine Freundin oder die Mutter, die sie gern hat, vor den Kopf stößt. Ihre Sorge ist, dass ein Nein als Ablehnung oder gar Verrat an der Freundschaft verstanden wird. „Ich habe es nicht fertig gebracht, ihr das abzuschlagen, obwohl Jürgen und ich Samstagabend essen gehen wollten. Ich dachte, wenn ich jetzt nein sage, dann ist sie von mir enttäuscht."

Das ist Marions Phantasie: Wenn sie Nein sagt, dann mutiert sie in den Augen der Freundin zu einem egoistischen Monster, das nur an sich selbst denkt und andere im Stich lässt, wenn es darauf ankommt. Marion will das nicht. Allerdings bezahlt sie ihr Ja mit dem Vorwurf ihres Mannes, dass sie zu weichherzig sei und ihre eigenen Interessen nicht vertreten könne. Bei einem Nein ein egoistisches Monster zu sein oder bei einem Ja ein nachgiebiges Weichei – keine angenehme Aussicht für Marion.

Schauen wir uns diese Zerrbilder einmal genauer an. Was so hässlich daherkommt, sind eigentlich zwei verkleidete Stärken. Die positiven Werte dahinter sind:

a. *Selbstbehauptung* und damit die Fähigkeit, seine eigenen Interessen zu vertreten und durchzusetzen;

---

[6] Heinrich von Kleist, Über die allmähliche Verfertigung der Gedanken beim Reden, in: ders., Der Zweikampf, Die heilige Cäcilie, Sämtliche Anekdoten, Über das Marionettentheater und andere Prosa, Stuttgart 1984.

b. Hilfsbereitschaft und damit die Fähigkeit, die Anliegen anderer wahrzunehmen und darauf unterstützend zu reagieren.

Lebt ein Mensch einen dieser Werte ohne den ergänzenden anderen aus, dann wird er seiner Umwelt tatsächlich als hartherziger Ellbogentyp oder im anderen Extrem als selbstloses Weichherz erscheinen, das gerne ausgenutzt wird. „Everyone's darling is everyone's Depp", wusste schon Franz Joseph Strauss. Oder frei übersetzt: Die Klügere gibt so lange (den Bitten anderer) nach, bis sie die Dümmere ist.

In einer „angemessenen" Reaktion kommen *beide* Fähigkeiten zur Wirkung. Wenn Marion es also schafft, einfühlsam und gleichzeitig „selbst"-bewusst zu handeln und zu kommunizieren, wird sie sich weder egoistisch noch nachgiebig vorkommen.

Die Entwicklung der Selbstbehauptung nachholen

Wenn Ihnen das Neinsagen schwer fällt, dann gehören Sie vermutlich eher zu den nachgiebigen Menschen. Das bedeutet, dass Sie die „Schwestertugend" der Hilfsbereitschaft, die Selbstbehauptung, nachentwickeln sollten. Sie werden damit eine gesunde Balance in sich herstellen und mehr innere Stabilität bei Ihren Entscheidungen erfahren.

Sich selbst auf die Spur kommen

Was tat Marions Freundin? Jutta hat *gefragt*, nicht befohlen! Was tat Marions Mutter? Sie hat eingeladen und *nicht befohlen*, Heiligabend mit ihr zu feiern!

Wenn Sie das Gefühl haben, dass Sie ungewöhnlich oft vor einem „Nein" zurückschrecken, dann empfehle ich Ihnen, folgende Fragen in Ruhe zu beantworten. Nehmen Sie sich dazu ein Notizheft und ein bis anderthalb Stunden Zeit. Gehen Sie an Ihren „Wohlfühl-Ort", wo Sie Ihre Gedanken schweifen lassen können.

1. Erinnern Sie sich an eine Situation aus jüngster Vergangenheit, in der es Ihnen nicht möglich war, Nein zu sagen, obwohl Sie es eigentlich gerne getan hätten? Was für Folgen hätte ein Nein gehabt? Welche Phantasien beschäftigen Sie, während Sie zögern, das Nein auszusprechen?
2. Wie haben Sie sich in jener Situation gefühlt? Wie ging es Ihnen körperlich dabei? Stellen Sie sich vor, Sie *hätten* in jener Situation Nein gesagt. Merken Sie eine Reaktion Ihres Körpers dabei?
3. Denken Sie ein paar Jahre zurück: Gab es andere Situationen, in denen es Ihnen schwer fiel, sich abzugrenzen? Was ist die früheste Situation, die Ihnen einfällt?
4. Welche Vorbilder hatten Sie im Leben (Eltern, Erziehungspersonen, ältere Geschwister, Klassenkameraden, Lehrer, Arbeitgeber, Ausbilder)? Wie haben diese Personen sich abgegrenzt? Wie haben diese Vorbilder Nein gesagt? Finden Sie das heute angemessen?
5. Sind Sie für ein Nein jemals bestraft worden? Hatte der Versuch, sich abzugrenzen, für Sie schon einmal negative Folgen?
6. Was war damals richtig? – Was ist heute richtig?

Übungen zur Entwicklung der Selbstbehauptung

Übung 1: Üben Sie an fiktiven Situationen

Stellen Sie sich vor, Sie haben einer Freundin versprochen, ihr für den Einkauf im Möbelzentrum Ihr Auto zu leihen. Die Freundin ruft am heutigen Samstag an: „Du hattest mir doch versprochen, das Auto auszuleihen. Kann ich es heute haben?" Sie haben nun vor, selbst einen Ausflug zu machen. Wie lehnen Sie ab?

Übung 2: Nein laut aussprechen

Sie üben für sich alleine. Sie stellen sich vor, es würde eine unzumutbare Bitte an Sie herangetragen. Sagen Sie laut, kurz und deutlich „Nein". Gewöhnen Sie sich an den Klang! Sie können als Variation eine kurze abschlägige Antwort laut üben, z. B. „Nein, da habe ich schon etwas geplant. Nein, da habe ich keine Zeit. Nein, heute habe ich keine Lust" etc. Der Übungseffekt liegt darin, dass Sie die Sätze häufig und laut aussprechen. Warum nicht spaßeshalber das Tonband mitlaufen lassen? Sie gewinnen die Möglichkeit zu überprüfen, ob es so bestimmt und eindeutig klingt, wie Sie das wollen. – Beobachten Sie Ihre Gefühle beim Neinsagen: Fühlen Sie sich wohl oder unwohl? Womit hängt das zusammen?

Übung 3: Neinsagen in realen Situationen üben

Beobachten Sie sich selbst über die Woche. Nehmen Sie sich vor, sich ein Mal pro Woche abzugrenzen und Nein zu sagen, wenn es darum geht, Ihr persönliches Interesse zu vertreten. Und tun Sie es dann auch! Bereiten Sie die Situation nach: Was geht in Ihnen vor, nachdem Sie Nein gesagt haben, welche Gefühle und Gedanken bewegen Sie?

Übung 4: Trainingspartner/-in finden

Bitten Sie eine Partnerin oder einen Partner, Ihnen beim Üben zu helfen. Er oder sie soll Sie um etwas bitten, auffordern, etwas zu tun oder scharf etwas fordern. Sie erteilen ihm oder ihr eine abschlägige Antwort. Holen Sie sich anschließend Rückmeldung, wie glaubwürdig Sie waren. Tauschen Sie sich aus, wo die „Schmerzgrenze" Ihres Übungs-Partners liegt (d. h. welche Art von Nein er oder sie akzeptieren würde und welche nicht).

Wie Sie ein Nein freundlich und deutlich mitteilen

Natürlich geht es nicht darum, sich nun vom „Weichei" zum „Egoisten" zu wandeln. Es geht darum, beide Werte, Hilfsbereitschaft und Selbstbehauptung, zu leben. Im Zusammenhang mit einem Nein sind beide berücksichtigt, indem Sie Hilfs-*Bereitschaft* signalisieren. Das heißt nicht, dass Sie in jedem Fall helfen können, geschweige denn genau das tun werden, was Ihr Gesprächspartner von Ihnen fordert.

Sprachlich drücken sich beide Werte so aus:

- durch Klarheit und Eindeutigkeit im Nein
- durch Freundlichkeit gegenüber dem Gesprächspartner und eine wertschätzende Sprache.

Nein in drei Schritten: INA

I *Interesse* der anderen Person *würdigen* (Ich verstehe, dass du ...)
N *Nein sagen*
A *Alternative anbieten*, Ausblick geben

Zuerst zeigen Sie der anderen Person, dass Sie zugehört und ihr Anliegen verstanden haben. Damit zeigen Sie Wertschätzung.

Dann sagen Sie Nein. Sie sind damit klar in der Sache und haben ihre Interessen deutlich abgegrenzt.

Schließlich zeigen Sie Ihre Hilfsbereitschaft, indem Sie eine Alternative oder eine Hilfe anbieten, die innerhalb Ihrer Möglichkeiten liegt.

Beispiel (als Lösungsmöglichkeit zu Übung 1):
„Ich verstehe, dass du das Auto gerne heute hättest. Leider kann ich es dir gerade heute nicht leihen. Die nächsten zwei Wochenenden habe ich noch nichts vor, da kannst du es gerne nehmen."

Nein in vier Schritten: INGA

I Interesse würdigen (Ich verstehe, dass du ...)
N Nein sagen
G *Gründe nennen*
A Alternative anbieten, Ausblick geben

Beispiel (was Marion ihrer Mutter sagen könnte):
„Danke, dass du uns wieder einlädst, Mama. Ich verstehe, dass ihr gerne die Kinder sehen wollt, die wollen euch auch sehen. Wir werden aber dieses Jahr Heiligabend woanders feiern. Doris und Felix haben uns eingeladen, und wir haben zugesagt. – Wollen wir uns nicht am ersten Feiertag sehen?"

Wenn ein Nein überhört wird

Vielleicht wiederholt Ihr Gegenüber seine Bitte. Bleiben Sie bei Ihrem freundlichen und deutlichen Nein. Wiederholen Sie Ihr Nein und Ihre Gründe nach dem Modell „Schallplatte mit Sprung"[7]. Wenn Ihr Nein dann immer noch nicht gehört bzw. akzeptiert wird, dann haben Sie das Recht, ärgerlich zu werden und das zu zeigen. Das ist ein Zeichen für die andere Person, dass sie Grenzen übertreten hat und in Zukunft ein Nein ernst nehmen sollte.

Vorteile eines klaren Nein

Was empfinden Sie, wenn Sie auf eine Person treffen, die nicht klar Stellung bezieht? Die weder Ja noch Nein antwortet, wenn Sie eine klare Entscheidung brauchen? Die sich schon in ihrer Körperhaltung für ihr Nein entschuldigt, bevor sie es überhaupt ausgesprochen hat? Vielleicht überlegen Sie sich, ob Sie diese Person mit der Frage überfordert haben. Oder vielleicht werden Sie ungeduldig und ärgerlich, weil Sie das Gefühl haben, hinge-

[7] Vgl. Smith 2001, S. 277.

halten zu werden? Vielleicht sehen Sie auch Ihre Chance, die andere Person noch für Ihr Anliegen zu gewinnen ... Wäre Ihnen ein direktes Nein lieber?

Ich habe die Erfahrung gemacht, dass ein Nein, das ich mit persönlicher Überzeugung statt mit innerem Zweifel ausspreche, oft eine erstaunliche Wirkung hat. Meine Entscheidung ist dann nämlich für meine Gesprächspartner klar und deutlich zu erkennen und zu akzeptieren.

Natürlich kostet ein Nein auch etwas: Ihnen entgehen Gelegenheiten, und Sie werden ab und zu in enttäuschte Gesichter sehen. Wertvoll ist, was Sie für Ihr Nein stattdessen bekommen. Sie gewinnen Zeit, Ihre selbstgewählten Aufgaben zu erledigen. Sie haben mehr Ruhe, um sich auf die Dinge zu konzentrieren, die Ihnen zur Zeit wichtiger sind. Sie pflegen andere Beziehungen und schöpfen andere Chancen aus. Selbstbewusst Nein zu sagen bedeutet, Ja zu etwas anderem zu sagen – es bedeutet, die eigenen Prioritäten zu leben.

Kapitel 4

Haste mal 'nen Euro?

Wie Sie Manipulation erkennen und entkräften

14. Dezember 2002
Ich war gerade zehn Minuten vom Samstagseinkauf zurück, da stand dieser Mann vom Typ „Netter Nachbar" vor der Tür. Herr Gerber, so stellte er sich mit Handschlag vor, sagte, er käme vom Jugendsportverein. Er warb für einen „guten Zweck": Der JSV braucht neue Geräte und hat dazu mit einem Abonnentenservice eine Kooperation vereinbart. Mich interessierte das, wie der Verein versucht, Geld zu bekommen: Ein Teil des Geldes, das der Verlag über die bis Weihnachten dazugeworbenen Abonnements bekommt, fließt dem Verein zu. Herr Gerber zeigte mir eine Liste mit Leuten aus der Nachbarschaft, die angeblich schon eine Zeitung zugunsten des Vereins bestellt hatten. Ich sagte ihm, dass ich mir überlegen werde, ob wir eine Zeitung brauchen könnten. Er meinte dann, er könne ja nachmittags noch mal kommen! Ich hatte zum Glück eine – wahre – Ausrede, ab heute Nachmittag sind wir unterwegs und erst Montagabend wieder da. Da meinte er, ich könne mir ja mal die Verbandzeitschrift anschauen und gab mir eine. Er fragte dann, ob ich dafür einen Unkostenbeitrag spenden würde. Es war mir unangenehm. Ich hatte (leider oder zum Glück?) kein Geld unten. Ich habe ihm die Zeitschrift wieder zurückgegeben. Freundlich war er nicht beim Verabschieden.

Da klingelt ein mehr oder weniger sympathischer Fremder an Ihrer Tür und fängt an zu erzählen. Sein gewinnender Blick – als ob Sie sich kennen würden –, seine freundliche Art und das ehrenwerte Anliegen lassen Sie zunächst zuhören. Und ehe Sie sich versehen, sind Sie in ein Gespräch verwickelt, Sie bekommen Prospekte zu sehen, erhalten sehr ausführliche Antworten auf Ihre Höflichkeitsfragen und schließlich haben Sie ein Probeabonnement in Händen, dass Sie bei Nichtgefallen nach der vierten Lieferung ganz einfach schriftlich kündigen können.Wenn Sie sowieso eine Zeitschrift abonnieren wollten, dann gibt es kein

Problem. Sie hatten ein freundliches Gespräch, konnten Ihre Fragen stellen und hatten keinerlei Aufwand, um an das Abo zu kommen.

Wo ist das Problem?

Vielleicht kennen Sie das Gefühl, wenn Sie sich „hinterher" – nach einer Kaufentscheidung oder dem Abschluss eines Vertrages – plötzlich nicht mehr sicher sind, ob Sie das Produkt oder das Abo wirklich wollen. Da fällt Ihnen zum Beispiel ein, dass Sie eigentlich keine Programmzeitschrift brauchen, weil für Ihren Bedarf die Tageszeitung völlig ausreicht. Oder Sie hätten lieber eine Zeitschrift mit Radiosparte gehabt, und die hatte der Vertreter ausgerechnet nicht im Sortiment ... – Vermutlich sind Sie dann unzufrieden mit sich selbst. Also sofort wieder kündigen? Vielleicht nehmen Sie die vier Probeausgaben mit dem guten Vorsatz, die Zeitung zu testen. – Frage: Werden Sie nach Ablauf der Frist wirklich schriftlich kündigen? Antwort: Mit *höherer Wahrscheinlichkeit* nicht.

Wie Manipulation funktioniert

Manipulation entsteht nicht durch Überzeugung und Argumente, sondern durch eine Verhaltensstrategie: *Das erwünschte Verhalten wird wahrscheinlicher, wenn die Person zu einer vorbereitenden Entscheidung oder Handlung gebracht wird.* Wie das gemeint ist, erfahren Sie in den folgenden Beispielen.

Überzeugung ...

Sie gehen Brot kaufen. Die Verkäuferin empfiehlt Ihnen ein neues Brot, das ballaststoffreiches Vollkorn aus biologisch-dynamischem Anbau enthält, und außerdem finde es gerade reißenden Absatz. Sie kaufen es, weil Sie gelesen haben, dass das gesünder ist als „normales" Weizenmischbrot. Das ist Beeinflussung durch Argumente, also Überzeugung und keine Manipulation.

... und Manipulation

Ein anderer Fall liegt hier vor: Sie gehen Brot kaufen und treffen auf dem Weg dorthin auf einen Stand mit einer netten Person, die Sie bittet, Ihr Probehäppchen von den neuen knusprigen Brot selbst zu nehmen. Sie nehmen eines und verabschieden sich. Die nette Person berührt Sie kurz am Ärmel und drückt Ihnen noch ein Informationsblatt in die Hand. Beim Bäcker angekommen denken Sie: So schlecht war das nicht, warum nicht mal ein solches Brot ausprobieren. Dabei glauben Sie als Käuferin immer noch, sich frei entschieden zu haben ...

Es wurde experimentell nachgewiesen, dass vorbereitende Handlungen die Wahrscheinlichkeit für eine im gleichen Kontext stehende Folgehandlung erhöhen[8]. Kunden, die ein Probierstück nehmen, kaufen also das neue Brot statistisch häufiger als die Kunden, die kein Häppchen nehmen.

Die Bedeutung der Berührung

Lächeln und Berührungen machen sympathisch. Wenn die Person, die Sie nach der Uhrzeit fragte, Sie zum Dank leicht am Arm berührt, entsteht ein Kontakt zwischen Ihnen – und damit eine Art persönlicher Verbindlichkeit. Der Handschlag an der Tür bewirkte, dass sich Marion dem Vertreter auf der Grundlage sozialer Regeln verpflichtet fühlte und fast ein schlechtes Gewissen hatte, als er ohne Erfolg ging.

Verpflichtende Verhaltensmodelle

Leichter manipulieren lässt sich, wer sich bei seinen Handlungen und Entscheidungen von allgemeinen Grundsätzen oder „verpflichtenden Verhaltensmodellen“ leiten lässt, die im Alltag eine

---

[8] Joule und Beauvois 1997, z. B. S. 43, S. 77 u. a.

gewisse Gültigkeit besitzen. „Wer A sagt, muss auch B sagen" oder „Sympathische Menschen sind gute Menschen, und ihnen muss man helfen" sind solche Verhaltensmodelle. Sie wirken als Verbindung zwischen der ersten und zweiten Handlungsentscheidung und wirken besonders bei spontanen Entschlüssen. Der Vertreter an Marions Tür sagte „Sehen Sie, Ihre Nachbarn haben auch schon geholfen" und appellierte damit an das Verhaltensmodell „Die Mehrheit hat Recht".

Um eine andere Person zu einem erwünschten Verhalten zu bringen, gibt es verschiedene Manipulationsstrategien.

Diese Manipulationsstrategien sollten Sie kennen

Nr. 1: Ködern

Eine hübsche Anhalterin steht am Straßenrand. Der Autofahrer hält und fragt sie, wohin sie will. Sie bedankt sich, dass er angehalten hat und antwortet: in die nächste Stadt. Sie habe aber noch zwei Kumpels, die gerade was zu trinken kaufen, die seien gleich zurück. Der Autofahrer hat auf dem Weg in die Stadt zwei biertrinkende Halbstarke auf dem Rücksitz, während die Anhalterin Walkman hört.

Der Köder besteht aus dem Vorspiegeln falscher Tatsachen oder dem Weglassen von Information. Der Autofahrer sieht nur die hübsche Anhalterin und rechnet nicht mit weiteren Passagieren – er hält an. Der Köder hat zu einer ersten, vorbereitenden Entscheidung geführt: die Zielperson hat „angebissen". Danach erst werden die tatsächlichen Verhältnisse aufgedeckt. Die erste Entscheidung (die unter falschen Voraussetzungen gefällt wurde) erhöht die *Wahrscheinlichkeit*, dass die geköderte Person bei dieser Entscheidung auch unter veränderten Bedingungen bleibt: „Was du versprochen hast, sollst du auch halten" – und der Autofahrer wird die Suppe auslöffeln, die er sich eingebrockt hat.

Noch ein Beispiel aus dem Alltag dafür, wie schnell jemand am „Haken" hängt, wenn er nach dem Köder geschnappt hat:

Sie** zu **ihm: Schatz, würdest du morgen für uns kochen? Irgendwas Leckeres, wozu du Lust hast.
Er: Okay, besondere Wünsche?
Sie: Nein, du kannst einkaufen, was du willst; ich bin einfach gespannt.
Er: Aha.

Und schon hat er nicht nur die Wahl, was er kochen will, sondern im gleichen Zug auch das notwendige Auffüllen der Vorräte übernommen. Wenn sie manipulativ geschickt vorgeht, nutzt sie ihren „Fuß in der Tür“ (siehe unten) aus, und bittet ihn am nächsten Tag kurz vor dem Einkauf darum, ihr doch auch noch ein, zwei Kleinigkeiten mitzubringen, wenn er schon unterwegs ist ...

Eine Variante des Köders ist der „Lockvogel“: Ein scheinbar attraktives Angebot oder ein wunderbarer Vorschlag wird zu einer Enttäuschung. Frustriert sucht sich der Angelockte ein nahe liegendes Ersatzobjekt, nach dem Motto: „wenn schon nicht, dann wenigstens ...“. – Der Gesprächspartner hat bereits eine Alternative vorgelegt, die, wie er betont, den gleichen Nutzen bringt – es sei natürlich ganz die eigene Entscheidung ...

Auf der Suche nach einem günstigen Last-Minute-Urlaub fiel uns eines Tages in Stuttgart ein Malta-Angebot ins Auge: Flug und Übernachtung mit Frühstück nur 300 € pro Woche für zwei Personen. Im Reisebüro kam dann heraus, dass die Unterkunft eine Zwei-Sterne-Herberge war, und der Flug ging ab Hamburg, so dass die Kosten plötzlich um das anderthalbfache stiegen. – Natürlich ließen wir uns über Alternativen beraten. Unsere gebuchte Reise kostete dann auch 499 € statt 300 €.

Nr. 2: „Den Fuß in die Tür setzen“

Wie leicht es ist, auch heutzutage noch einen Euro zu „schnorren“, zeigt dieses Beispiel:

Jemand spricht Sie an und fragt Sie nach der Uhrzeit. Sie sagen ihm wie spät es ist. Der andere reagiert mit „Oje oje“ und bittet Sie nun um einen Euro, denn er müsse dringend telefonieren.

Frage: Werden Sie den Euro geben oder nicht?
Antwort: Mit höherer Wahrscheinlichkeit jedenfalls, als wenn diese Person Sie nicht nach der Uhrzeit gefragt hätte. Es handelt sich hier um die Technik, den „Fuß in die Tür" zu setzen.

Der Vertreter an Marions Tür drückt ihr zum Abschied eine Verbandszeitschrift in die Hand, sie nimmt das Exemplar unter der Vorannahme, es sei umsonst. Dann erst fragte er nach einem Umkostenbeitrag.

Als „Fuß in der Tür" wird die erste, vorbereitende Handlung bezeichnet, zu der Sie gebracht werden. Im Beispiel ist es das leicht zu erfüllende Anliegen, die Uhrzeit mitzuteilen. Eine zweite, größere Bitte hat danach eine bessere Startposition: Die Tür ist jetzt schon „halb offen".

Sie haben in einem Bekleidungsgeschäft einen heruntergesetzten Blazer gesehen und tatsächlich auch zum angegebenen Preis sehr günstig erstanden. Zufrieden wollen Sie schon den Geldbeutel zücken, da fragt Sie die Verkäuferin, ob Sie nicht auch die dazu passende Hose probieren wollen, ganz unverbindlich natürlich. Sie probieren die Hose an, und siehe da, sie passt hervorragend. Der Preis ist um einiges höher, als sie vermutet haben. Und doch kaufen Sie die Hose zum Blazer.

Hätten Sie beides auch gekauft, wenn Sie den Preis für beide Teile von Anfang an gewusst hätten?

Das persönliche Engagement im ersten Fall führt dazu, dass Sie sich auch im zweiten Fall engagieren. Der zweite Schritt ist dann für den Manipulierten mit höherem Aufwand verbunden.

> ***Jürgen***: Marion, der Briefträger war gerade da – gehst du?
> ***Marion***: Ja.
> ***Jürgen***: Ach, und wenn du schon gehst, nimmst du bitte auch noch den Müll mit? Ich weiß, ich bin eigentlich dran, aber es ist ja ein Weg ...
> ***Marion***: ... gut.

Ob Marion das genauso getan hätte, wenn Jürgen gleich wegen des Mülls gefragt hätte?

Eine Kombination aus Köder und Fuß in die Tür erlebte ich, als ich an einer Werbeaktion eines Weinversandes teilnahm:

Versprochen wurde in der Postwurfsendung eine mit drei verschiedenen Weinflaschen bebilderte „Weinprobe“ als Dank für das Ausfüllen einer Antwortkarte. „Kreuzen Sie die richtige Antwort an, wählen Sie Ihren Favoriten aus unserer Auswahl und senden Sie die Karte bis zum Einsendeschluss an uns zurück!“ Das tat ich. – Drei Wochen später rief mich eine Dame an, die mir freundlich bestätigte, ich hätte eine Weinprobe gewonnen. Sie fragte mich, wann „unser Herr Mahler“ denn vorbeikommen könnte. – Die versprochene „Weinprobe“ bestand, wie sich am Telefon herausstellte, aus einem Vertreterbesuch mit Verkaufsberatung und nicht, wie suggeriert, aus einer Flasche Wein.

Der Köder „Weinprobe“ führte zur ersten Entscheidung: Als vorbereitende Handlung wurde die Postkarte ausgefüllt und zurückgeschickt. Was die „Weinprobe“ wirklich war, wurde erst am Telefon aufgedeckt. Gleich danach war dann eine zweite Entscheidung zu fällen: Vertreterbesuch mit Weinverkostung oder nicht? Damit sollte eine weitere Entscheidung ausgelöst und damit der „Fuß in der Tür“ gesetzt werden.

Nr. 3: „Die Tür vor den Kopf schlagen“

Das folgende Beispiel erlebte ich bei Freunden, deren Tochter mit der Technik „Tür vor den Kopf schlagen“ rasch zu einer Telefonkarte kam:

> ***Tochter***: Papa, ich will ein Handy. Alle haben eins! Und wenn ich unterwegs bin, dann kann ich anrufen, wenn etwas passiert.
> ***Vater***: Nur weil alle eins haben, brauchst du noch lange keins. Und außerdem gibt es Telefonzellen, von denen aus du anrufen kannst.
> ***Tochter***: Aber die funktionieren alle nur mit Karte – hast du denn eine?
> ***Vater***: Gut, eine Telefonkarte können wir besorgen.

Jemand verlangt zu Beginn so viel von Ihnen, dass es unwahrscheinlich ist, dass Sie das leisten können oder wollen. Ihnen wird sinngemäß „die Tür vor den Kopf geschlagen“. – Andererseits sind die Gründe für das Anliegen so einleuchtend (oder auch moralisch edel), dass Sie in einen inneren Zwiespalt kommen. Sie werden gerne auf die angebotene Alternative zugreifen, wenn sie den gleichen Zweck erfüllt und zudem mit deutlich weniger Aufwand verbunden ist. Sie haben dabei das Gefühl, mit diesem „Kompromiss“ „gut weggekommen“ zu sein.

Marion lehnt das erste Anliegen des Vertreters ab, ein Abo zugunsten des Jugendsportvereins zu unterschreiben. Stattdessen hält sie zum Schluss die eine Ausgabe der Verbandszeitschrift in Händen – und hätte Marion Geld dabei gehabt, hätte sie vermutlich einen Unkostenbeitrag dafür geleistet. Die Situation ist ihr unangenehm, als sie die Zeitung zurückgibt.

Das „Tür vor den Kopf schlagen“ funktioniert mithilfe der Verhaltensmodelle „Wie du mir, so ich dir“ und „Sich auf halbem Wege treffen“. Ihr Gesprächspartner zieht seine (überhöhte) Forderung zurück und überlässt es Ihnen, nun ebenfalls von Ihrer „Position“ abzurücken und ihm entgegenzukommen ... – Vorsicht also, wenn Sie gefragt werden, ob Sie dieses Jahr das Gemeindefest federführend mitplanen würden. Falls nicht, gibt es nämlich viele Alternativen, wie Sie auch mit weniger Aufwand etwas für die Gemeinde tun können. Zum Beispiel, indem Sie wenigstens den beliebten Stand „Male die Tante an“ übernehmen!

Wie Sie sich vor Manipulation in Gesprächen schützen

Wir verbrachten während des Studiums die Mittagspause gerne im „Clubhaus“, einem Studentencafé. Im Sommer saßen wir draußen im Freien auf einem Mauerabschnitt oder auf langen, hölzernen Sitzbänken. Diese waren wie die Tische fest verschraubt. Die sonnigen Plätze waren begehrt und es wurde oft sehr voll und eng. Mein Freund

Klaus hatte gerade einen schönen Platz am Rand ergattert, da stellte sich ein älteres Semester neben ihn:

> ***Der Student***: „Rück mal bitte."
> ***Klaus***: „Nein, ich sitze gerne am Rand."
> ***Der Student***: „Ich auch!"
> ***Klaus***: „Dann haben wir ja eine Gemeinsamkeit. – Ich lasse dich gerne rein."
> Der Student rückte in die Bank und Klaus setzte sich wieder an seinen Platz am Rand. Es dauerte zwei Minuten, da drehte sich der Student noch mal zu Klaus und sagte: „Du hast völlig Recht."

Wir sind es gewohnt, auf kleine Bitten automatisch zu reagieren. Im *Allgemeinen* ist das auch angebracht. Doch in diesem Fall gab es keinen objektiven Grund, warum der andere Student statt Klaus den begehrten Platz am Rande einnehmen sollte, außer den, dass er darum gebeten hatte.

Wie Sie Manipulationsversuche außer Kraft setzen

Die beste Abhilfe gegen Manipulation besteht darin, die vorgestellten Techniken zu kennen und sie wiederzuerkennen, wenn Sie Ihnen begegnen.

Hier einige Hilfen, wie Sie vermeiden, im Gespräch mit Freunden oder in geschäftlichen Gesprächen manipuliert zu werden:

- Wenn Sie in der Öffentlichkeit sind, wo Konventionen und Höflichkeitsregeln gelten, seien Sie besonders wachsam. Allgemeine Verhaltensregeln machen das Zusammenleben einfacher, andererseits ist es sinnvoll, sie auf ihr Ergebnis im Einzelfall zu überprüfen.
- Werden Sie hellhörig, wenn Ihr Gesprächspartner oder Ihre Gesprächspartnerin Gemeinplätze (Verhaltensmuster) als Argumente verwendet:
  – „Diese Chance kommt so schnell nicht wieder!"
  – „Die anderen denken auch, dass ..."

– „Man kann doch nicht ...“
– „Komm, ich habe dir auch schon einen Gefallen getan!“
– „Sie sind immer so hilfsbereit, das finde ich toll, könnten Sie vielleicht noch dieses eine Mal ...“

Denken Sie dabei: „Ja, und...?“ und decken Sie auf, was damit indirekt gesagt wird: „Du meinst also, ich sollte das tun, weil... (...alle das tun, weil ich dir auch sonst immer helfe, weil es die einzige Chance ist? etc.).“

- Sehen Sie den Unterschied zwischen Argumentation und Manipulation. Wenn Ihr Gesprächspartner Sie zu überzeugen versucht, indem er klare Argumente bringt: „Du hast davon folgende Vorteile ...“, dann ist das nicht Manipulation. Prüfen Sie, welchen Vorteil Sie tatsächlich davon haben.
- Werden Sie um Hilfe oder Unterstützung gebeten oder es winkt eine Einladung – freuen Sie sich. Vor einem spontanen „Ja“ klären Sie aber die Rahmenbedingungen ab, damit Sie sich nicht vorschnell selbst zu etwas verpflichten. Fragen Sie: „Worum geht es? Wie kann ich dir helfen?“ oder: „Danke für die Einladung! Lass mal sehen ... wann, wo und wie denn?“
- Wenn nach bestimmten Entscheidungen plötzlich neue Informationen auftauchen, werden Sie vorsichtig. Fragen Sie sich: „Wenn ich das, was ich jetzt weiß, schon am Anfang gewusst hätte – wie hätte ich mich dann entschieden?“ Lassen Sie sich dann nicht an vorangegangene Aussagen binden. Bitten Sie gegebenenfalls um Bedenkzeit und prüfen Sie, ob es unter den veränderten Bedingungen überhaupt sachlich sinnvoll ist, Ihre Meinung beizubehalten.
- Erlauben Sie sich, Ihre einmal geäußerte Meinung zu ändern. Das braucht Selbstbewusstsein, weil die Norm lautet, „beständig, treu und vertrauenswürdig“ zu handeln. Nennen Sie Ihre Gründe und finden Sie mit der Gesprächspartnerin zu einem neuen Ergebnis.
- Wer A sagt, muss nicht *immer* B sagen: Üben Sie, zwei aufeinander folgende Entscheidungen als unabhängig voneinander zu sehen! Kein Ja zwingt Sie automatisch zum nächsten Ja!

- Ob im Kaufhaus, am Telefon oder an der Türschwelle – *entscheiden* Sie, ob Sie ein Gespräch überhaupt wollen. Wenn nicht, lassen Sie sich nicht aus Höflichkeit darauf ein. Bedanken Sie sich für das Angebot und verabschieden Sie sich. Als Kundin können Sie wiederkommen, wann Sie es wünschen.

Kapitel 5

Ich mag dich, aber...

Wie Sie Kritik an nahe stehenden Menschen üben

26. Januar 2003
Jürgen und ich waren gestern wieder mal zur obligatorischen Neujahrsparty eines seiner Hauptkunden eingeladen. Ich habe ja mit den Leuten dort sonst wenig zu tun, Hauptthema ist das Geschäft und drumherum ein bisschen Small Talk. Das so genannte „Partnerprogramm" im Sommer ist ja noch ganz nett, da wird etwas angeboten, und ich komme mit den anderen leichter ins Gespräch. Aber die Neujahrsparty ist mir jedes Mal ein Graus. Und gestern war es besonders schlimm, weil mein vorbildlicher Ehemann sich vor allem vorbildlich mit seinen Geschäftspartnern unterhalten hat. Ich fühlte mich abgestellt – andererseits wollte ich ihm die Party nicht verderben. Heute beim Frühstück habe ich mit ihm darüber geredet. Er hat sich sofort angegriffen gefühlt und gesagt, wenn es mir wirklich keinen Spaß macht, dann kann er mich nicht zwingen mitzugehen. Das wollte ich eigentlich nicht erreichen.

Stellen Sie sich vor, Sie säßen unsichtbar bei Marion und Jürgen am Frühstückstisch. Er blättert in der Fernsehzeitung, sie hat sich gerade Kaffee eingegossen.

> ***Sie***: Also, wegen gestern wollte ich dir noch sagen, ich fand das nicht so gut, wie du mich hast stehen lassen!
> ***Er***: Was meinst du?
> ***Sie***: Du hast dich irgendwann mit deinen Geschäftspartnern verdrückt, und ich stand da – du weißt doch, dass ich kaum jemanden kenne! Ich fand das nicht in Ordnung.
> ***Er***: Wie? Du hast dich doch gestern gut mit Herrn Reinhold unterhalten!
> ***Sie***: Du hast doch nur den Anfang mitbekommen. Der hat sich höflich verabschiedet, nachdem ihr weg wart. Ich habe eine halbe Stunde allein am Buffet gestanden. War mir das peinlich.

Er: Du hättest dich doch einfach irgendwo in ein Gespräch einklinken können.
Sie: Das sagst du so einfach. Du verstehst nicht, worum es mir geht! Ich finde, du hast dich halt mal wieder ums Geschäft gekümmert und dabei vergessen, dass ich eben auch noch da bin. Aber das ist ja nicht das erste Mal.
Er: Was soll das jetzt schon wieder? Das ist ein Betriebsfest, und da wird logischerweise über die Firma geredet! Wenn du keine Lust hast mitzukommen – bitte, ich kann dich nicht zwingen *(vergräbt sich hinter der Zeitung)*.
Sie: Du machst es dir echt einfach.

Wie Kritik auf den Gesprächspartner wirkt

Marion hält mit ihrer Kritik nicht hinter dem Berg. Sie sagt direkt, was sie an Jürgens Verhalten gestört hat und zeigt auch ihren Ärger sehr offen. Jürgen nimmt Marions Kritik nicht an, sondern wehrt sie ab. Er versteht erst nicht, was sie meint, dann findet er einen Gegenbeweis (Du hast dich doch gut unterhalten) und fängt an Ratschläge zu geben (Du hättest doch ...). Schließlich bietet er ihr eine scheinbare „Lösung“ an, die das Problem ausschaltet (Ich kann dich nicht zwingen mitzugehen), die Ursache dafür aber nicht ausräumt.

Druck erzeugt Gegendruck

Wer mit Druck Kritik übt, löst im Gegenüber Gegendruck aus. Das physikalische Phänomen finden Sie in ähnlicher Weise in der Kommunikation wieder. Jürgen merkt an Marions abwertender Beschreibung, er habe sich „verdrückt“, dass sie sich offenbar seit gestern über ihn ärgert. Vermutlich fühlt er sich jetzt unbehaglich: Er wehrt Marions Abwertung ab und der Inhalt der Kritik kommt gar nicht mehr bei ihm an. Bis dahin, dass er seinerseits anfängt „auszuteilen“: „Was soll das jetzt schon wieder?“

Prüfen Sie einmal selbst: Wie geht es Ihnen, wenn jemand zu Ihnen sagt: „Du, ich muss mal mit dir reden. Ich fand es neulich überhaupt nicht gut, dass du wieder einmal ...“? – Wollen Sie nach so einem Beginn spontan mehr erfahren, sind Sie neugierig und offen? Oder löst dieser Satz Stress bei Ihnen aus und Sie spüren, wie Sie sich verteidigen wollen? Druck erzeugt Gegendruck.

Wie Sie Abwehr vermeiden

Welche Möglichkeiten gibt es, das eigene Anliegen wirkungsvoller zu vertreten und zu kritisieren, ohne Gegendruck auszulösen? Welchen Zusammenhang gibt es zwischen dem eigenen Gesprächsverhalten und der Abwehr von Kritik?

Stressauslöser

Druck wird durch die Art erzeugt, *wie* Kritik vorgebracht wird:

- durch eine hohe Stimme, die lauter ist als sonst. Gerade weibliche Stimmen werden „schriller", je stärker die innere Anspannung ist[9],
- durch abwertende Körpersprache (Gesicht verziehen, Augen verdrehen, mit dem Finger auf den anderen zeigen ...),
- durch abwertende, negative Worte in direkter oder indirekter Verbindung mit dem „du" (z. B. „du hast mich stehen lassen", „Ich fand das nicht in Ordnung (von dir)", „Du verstehst nicht", „Du machst es dir einfach" etc.),
- durch Verallgemeinerungen („Du hast *mal wieder...*", „Aber das ist ja *nicht das erste Mal*").

Der Gegendruck wird umso heftiger ausfallen,

- wenn die kritisierte Person den Eindruck hat, dass der oder die andere *grundsätzlich* mit dem Gegenüber unzufrieden ist,
- wenn die kritisierte Person ein *schlechtes Gewissen* hat – also ihren eigenen Vorsätzen nicht gerecht geworden ist.

---

[9] Vgl. zur Wirkung des Stimmklangs bei gleichbleibender Aussage die Übungen in Kapitel 2.

Klären Sie für sich: Was möchten Sie erreichen?

Entweder benutzen Sie den anderen als Ventil, dann geht es Ihnen vielleicht kurzfristig besser. Mit einem Gefühlsausbruch erreichen Sie allerdings auch eher die Gefühlsebene beim anderen und lösen Widerstand aus.

Oder Sie überzeugen die andere Person mit Worten von dem Anliegen, das Sie mit der Kritik verfolgen. Dann ist es wichtig, die andere Person mit Ihren Worten *nicht anzugreifen, nicht abzuwerten oder zu beschuldigen.* Sonst ist die angegriffene Person damit beschäftigt, die eigene Haut und Ehre zu retten – und fängt an, sich zu rechtfertigen, zu beschwichtigen oder abzulenken, oder sie startet einen Gegenangriff. So werden neue Verletzungen geschaffen, und der Graben vertieft sich, anstatt dass Sie Verständnisbrücken schaffen.

Ist Ihnen aufgefallen, dass die beiden in dem Gesprächsausschnitt mehr *über die andere Person* reden (in Du-Botschaften) als über sich selbst? Damit bringen sie den Gesprächspartner nicht nur in die Verteidigungsstellung. Du-Botschaften lenken auch von der eigentlichen Ursache der Kritik ab — zuerst hat nämlich nicht die kritisierte Person den Leidensdruck, sondern diejenige, die sich klagend an den Gesprächspartner wendet.

Zuerst die eigene Verletzung verstehen

Wer einen nahe stehenden Menschen kritisiert, befindet sich oft in einem *inneren Widerstreit der Gefühle*:

Marion in unserem Dialog-Beispiel ist ärgerlich und enttäuscht, und ihr Ärger richtet sich dabei auf ihren Mann, der sich in ihren Augen falsch verhalten hat. Einerseits soll er ihren Ärger so richtig zu spüren bekommen, damit er merkt, was er ihr angetan hat; es soll ihm Leid tun. Marion will damit andererseits erreichen, dass er versteht, was *sie* verletzt hat.

Der Wunsch, es „dem anderen so richtig zu zeigen“, und der Wunsch, gesehen und verstanden zu werden, ist im Kern der gleiche – beide wirken nach außen jedoch widersprüchlich, und der andere kann oft nur *entweder* den Ärger *oder* die Traurigkeit wahrnehmen und darauf reagieren.

Menschen fühlen sich rasch „schuldig" wenn sie merken, dass sich ihr Lebenspartner, ihr Kind oder ein Freund „wegen" ihnen schlecht fühlt. – Sie können es dem Gesprächspartner dadurch, wie Sie Ihre Gefühle darstellen, leichter machen, die Kritik an sich heranzulassen und zu akzeptieren, dass Sie ihn als Auslöser für Ihre schlechten Gefühle erleben (siehe S. 78).

Wenn Sie einen anderen Menschen kritisieren wollen, beantworten Sie für sich vorher folgende Fragen:

- Welches Gefühl bewegt Sie? Ärger? Oder gibt es noch etwas anderes dahinter, z. B. sich verletzt, einsam oder traurig zu fühlen?
- Welches Gefühl ist das eigentliche? Welches wollen Sie zeigen und „versorgt" wissen? Steht die Person, die Sie verletzt hat, Ihnen nahe, so dass Sie ihr die eigenen Gefühle mitteilen wollen?
- Wäre das Problem gelöst, wenn der oder die andere Ihre Gefühle nachvollziehen kann? Oder möchten Sie konkrete Absprachen für die Zukunft treffen?

Die Selbstklärung kommt vor der Kritik

Der erste Schritt – wenn Sie konstruktive Kritik üben wollen – ist also, die eigenen aufreibenden Gefühle zu begreifen, sie sich bewusst zu machen, und passende Worte dafür zu finden. Damit können Sie in Ich-Botschaften von sich reden, die dem Gesprächspartner besser verständlich sind.

Überlegen Sie für sich, vielleicht schriftlich:

- Was ist tatsächlich passiert? Was haben Sie gesehen, was der andere getan hat, was haben Sie ihn sagen gehört?

- Welche Gefühle erlebten Sie bei ihren Beobachtungen? Welche Gefühle haben Sie jetzt, wenn Sie darüber nachdenken? Rühren die Gefühle von einer direkten Beobachtung her oder von einer Vermutung?
- Wenn Sie etwas vermuten, was gibt Ihnen die Sicherheit, dass Sie Recht haben? Was sollten Sie dazu klären, fragen, herausfinden?

Tipp:

Haben Sie eine Person Ihres Vertrauens, die gut zuhören kann? Sich alles erst einmal bei einer neutralen Person von der Seele zu reden, hilft Ihnen, zur Ruhe zu kommen. Außerdem können Sie über die eigenen Gefühle laut nachdenken und sie erkennen. Sobald Sie sich und Ihre eigene Reaktion besser verstehen, fällt es leichter, das Problem dem eigentlichen Adressaten gegenüber anzusprechen.

Aus dem Wirrwarr von Ärgergedanken, Befürchtungen und Vermutungen über Schuld und Unschuld herauszukommen ist nicht immer einfach.

Als ich mein Studium abgeschlossen hatte, lud ich meine Freunde zu einer kleinen Feier ein. Auch andere Freunde gratulierten mir, indem sie anriefen oder eine Mail schrieben.

Etwa zwei Wochen später telefonierte ich mit meiner Freundin Sandra, die bei der Feier dabei gewesen war. Sie erzählte mir, dass unser gemeinsamer Freund Karl aus allen Wolken gefallen sei, als sie ihm zwei Tage danach von der Feier erzählt habe. „Warum sagt mir denn keiner was“, war seine Reaktion gewesen. Mir fiel ein: Stimmt, er hatte nicht angerufen, und ich hatte mich nicht darüber gewundert, weil ich vom ganzen Freundeskreis ein Geschenk bekommen hatte, und jemand hatte im Namen von Karl unterschrieben.

Nach dem Telefongespräch mit Sandra lagen mir Selbstzweifel wie Blei auf dem Magen. Ich dachte: Habe ich wirklich vergessen, ihn einzuladen? Er hat ja auch nicht angerufen – wahrscheinlich weil er sauer ist! – Andererseits hätte er doch spätestens nach dem Gespräch mit Sandra bei mir anrufen können? Eigentlich erwarte ich diese Offenheit von einem Freund! Und wenn ich mich richtig erinnere, habe ich ihm vor ein paar Wochen zumindest gesagt, dass ich eine Feier machen will. Vielleicht habe ich nur vergessen zu sagen, wann. Warum meldet *er* sich nicht? – Jetzt war *ich* sauer.

Mich beunruhigen mögliche Missverständnisse zwischen guten Freunden. Eine halbe Stunde habe ich investiert und überlegt, wie ich die Situation mit Karl klären und ansprechen will.

Also: Was war vorgefallen?

Was ich sicher wusste, war: Karl hat den Termin nicht gekannt oder sich nicht erinnert. Er hat ihn jedenfalls nicht gewusst. Er hat Sandra gegenüber reagiert: „Warum sagt mir keiner was?"

Und: Er hat mich bisher nicht angerufen – wirklich? Das ist eine Vermutung. Vielleicht hat er mich nur nicht erreicht, falls er angerufen hat.

Fazit: Meine Gefühlslage änderte sich, je nach dem, welche Vermutung ich für wahr hielt. Ohne ein persönliches Gespräch mit Karl konnte ich nicht klären, was wirklich passiert war.

Wie wollen Sie ansprechen, was Sie stört?

Vielleicht möchten Sie Ihre Gedanken, Ihre Vorwürfe, das, was Sie stört, einfach erst mal aufschreiben. Oder formulieren Sie laut für sich, was Ihnen auf dem Herzen liegt – ohne Zeugen. Probieren Sie es ein paar Mal. Hören Sie sich selbst zu. Spüren Sie nach, welche Worte beim anderen Druck auslösen könnten und welche nicht. Überlegen Sie, ob Sie selbst an der Stelle der anderen Person eine solche Kritik annehmen könnten. Prüfen Sie, ob die Kritik sachlich nachvollziehbar ist und ob die andere sich als Person geachtet fühlen kann.

Ich entschied mich, Karl am nächsten Tag anzurufen und begann erst mal vorsichtig mit den Fakten: „Hallo Karl! Du, ich habe gestern mit Sandra telefoniert. Sie hat dir ja von dem Fest erzählt und Bilder gezeigt, und mir hat sie erzählt, dass du gesagt hast: ‚Wieso sagt mir denn keiner was ...'" – Ich hatte mir noch zurechtgelegt: „Habe ich vergessen, dich einzuladen? Das täte mir Leid." – Doch bevor ich es aussprechen konnte, unterbrach mich Karl: „Oh, weißt du, das war wohl ein Missverständnis von zwei Seiten: die anderen haben wohl gedacht, dass ich es weiß, weil wir sowieso so viel miteinander unternehmen. Vielleicht haben sie's mir auch auf den Anrufbeantworter gesprochen, ich war lange unterwegs, weißt du? Aber ich will dir wirklich noch ein Kompliment machen, auf den Fotos siehst du klasse aus!! Gratuliere zur bestandenen Prüfung!" Und dann erzählte er mir, was er die vergangene Woche alles zu tun hatte ... Das Gespräch verlief entspannt – und ich war im Nachhinein froh, dass ich ihm nichts unterstellt hatte.

Wie sage ich es meinem Partner?

Kritische Rückmeldung in vier Schritten[10]

So können Sie Kritik äußern und Konflikte ansprechen, ohne Abwehr zu provozieren.

1. **Beschreiben** Sie, was konkret passiert ist. Stellen Sie sich vor, Sie wären eine Videokamera und hätten objektiv aufgezeichnet, was von den Worten und dem Verhalten der anderen Person Sie gehört oder gesehen haben. Ihre Beobachtungen sollten dabei sachlich, ohne negative Wertung erzählt werden: *„Ich habe gesehen, wie du ... Dann habe ich gehört, wie du gesagt hast ..."*

2. Dann sagen Sie, was Ihre Beobachtungen bei Ihnen **auslösen**. Erzählen Sie von Ihren Gefühlen und Gedanken. *„Ich war ärgerlich, als ich merkte ... ich fühlte mich unwohl damit, dass ... Ich dachte dann ... ich hatte die Phantasie, dass ..."*
   Sie können auch davon reden, wie Sie sich **in Folge** des kritisierten Verhaltens selbst verhalten haben. *„Dann habe ich ... Ich wollte dann ... Ich bin nicht ..."*

---

[10] Vgl. dazu Rosenberg 2001, S. 21.

3. Was ist Ihnen wichtig? Was ist der Grund dafür, dass Sie so betroffen sind vom Verhalten des Partners? Sprechen Sie über Ihre **Anliegen und Bedürfnisse**. *„Ich hätte in dem Moment gerne gehabt, dass ... Mir war wichtig, ... Mir liegt eigentlich daran, dass ...“*

4. Sagen Sie dann, was Sie sich wünschen. Welche **Bitte** haben Sie an die andere Person? Was möchten Sie, das sie tut oder lässt? Welche Möglichkeiten sehen Sie, um etwas für sich zu verbessern? Was kann die andere Person dazu beitragen? *„Bitte könntest du nächstes Mal ... Ich würde mich darüber freuen, wenn du mir ...“*

Kritische Rückmeldung in vier Schritten als Gesprächsleitfaden

Zurück zu Marion und Jürgen. Stellen Sie sich vor, Sie wären die kritisierte Person. Prüfen Sie beim Lesen, ob Sie diese Form von Kritik annehmen könnten.

> ***Sie**:* Jürgen, ich würde gerne noch mal mit dir über gestern sprechen.
> ***Er**:* Ja?
> ***Sie**:* Willst Du die Zeitung zuerst fertig lesen? Dann können wir nachher sprechen.

Sie gibt hier ein Signal: Ich nehme Rücksicht auf deine Bedürfnisse und nehme meine Anliegen ernst, denn ich will es nicht „nebenbei“ besprechen.

> ***Er**:* Nee, ist schon okay *(legt die Zeitung weg)* – worüber willst du reden?
> ***Sie**:* Wir haben uns ja am Anfang mit den Güldners unterhalten. Das war auch ganz nett.

Sie beginnt mit einer Beschreibung, die positive Erinnerungen weckt, und die er mit Ja beantworten wird. – Diese Ja-Technik schafft eine positive Stimmung beim anderen und eine Bereitschaft für das Gespräch.

Er: Ja. Du, die haben ja einen witzigen Hund!

Jetzt sollte sie in die richtige Richtung steuern. Der Hund ist nicht ihr Thema.

Sie: Ja *(lacht)*, stimmt – danach seid ihr weggegangen. Ich habe gar nicht gewusst wohin?

Sie bleibt bei der Beschreibung von Beobachtungen (erster Schritt). Sie beschuldigt und bewertet nicht. Dadurch erfährt sie, was sie wissen will: den Grund für sein Verschwinden.

Er: Der Max hatte ein paar Ideen für das nächste Geschäftsjahr, über die wir uns ganz unverbindlich mal Gedanken machen sollten. Und das wollte er nicht vor allen Leuten besprechen – wieso?

Offensichtlich ein dringender Grund für ihn. Sie erinnert sich, dass es für ihn wichtig ist, bei diesem Kunden am Ball zu bleiben.

Sie: Na ja, ich glaube, es war 22 Uhr, als ich dich wieder gesehen habe.

Er: Echt, so spät? Oh – weißt du, seine Idee war wirklich gut ... – Und du? Was hast du gemacht?

Sie: Ja, darüber eben wollte ich mit dir reden. Es ist mir schwer gefallen, mit den Leuten ins Gespräch zu kommen. Ich habe es probiert, aber ich habe mich nicht gerade amüsiert. Ich fand es sehr mühsam, ein gemeinsames Thema zu finden.

Sie schildert nun wie es ihr damit ging, alleine zu sein: was sie selbst unternommen hat und mit welchem Ergebnis. Sie macht ihn nicht verantwortlich für ihre negativen Gefühle.

Er: Oh – war es wirklich so schlimm? Die Güldners waren doch ganz nett!?

Er versteht sofort – und versucht ein wenig zu beschwichtigen. Sie kommt auf ihr Bedürfnis und ihre Wünsche zu sprechen:

Sie: Ich wäre gerne mehr mit dir zusammen gewesen. – Ich fände es schön, wenn du nächstes Mal ein bisschen an meiner Seite bleibst. Was hältst du davon?

Er: Mhm, ich habe die Zeit wirklich vergessen. Meinst du, dass du mich die ganze Zeit bei dir haben willst?

Sie: Nur so lange, bis ich ein paar mehr Leute kenne. Dann würde mir so ein Fest mehr Spaß machen.

Er: Mir fällt auch ein – da gibt es eine Ausstellungseröffnung im Februar, da könnte ich dir vorher was über die Leute erzählen ...

Sie: ... das ist auch eine gute Idee.

Sie bleibt bei ihrer Aussage, lässt sich nicht ablenken. Sie hat auch konkrete Vorstellungen, was nächstes Mal anders laufen sollte und bittet ihn direkt darum.

Die Kurzform: kritische Rückmeldung in drei Schritten

Folgende Kurzform leitet sich aus der ausführlichen Form ab und ist für den Alltag leicht zu merken.

1. Beschreibung
2. Folgen aufzeigen
3. Wunsch äußern.

Und so hört sich dieser Dreischritt in der Praxis an:

Sie: Jürgen?
Er: Ja?
Sie: *(Beschreibung)* Wegen gestern – da hast du dich mal für länger mit ein paar anderen zum Gespräch zurückgezogen. *(Folgen aufzeigen)* Ich habe mich in der Zeit ein bisschen umgeschaut, aber es war schwierig, Kontakt zu finden. *(Konkreter Wunsch)* Kannst du mir vielleicht nächstes Mal einfach noch mehr Leute vorstellen?
Er: (idealerweise): Okay, mache ich.
(beide frühstücken weiter)

Wertschätzend kritisieren – wie ist das möglich?

Wenn Sie folgende „Hilfsregeln“ beachten, machen Sie es der anderen Person leichter, zuzuhören, ohne sich zu verteidigen; sie kann nachdenken, anstatt die ausgelösten negativen Gefühle zu bewältigen:

- Stellen Sie sicher, dass die andere Person offen für das Gespräch ist und Rückmeldung über das eigene Verhalten bekommen möchte. Fragen Sie: „Ich möchte über... sprechen. Passt es gerade?“

- Beschreiben Sie, was konkret passiert ist bzw. welches Verhalten die andere Person gezeigt hat – ohne zu bewerten, ohne zu interpretieren („Das hast du sicher gemacht, weil ...") und ohne zu verallgemeinern („...wie immer...").
- Reden Sie darüber, wie Sie auf das Verhalten der anderen Person reagieren und inwiefern Sie davon persönlich betroffen sind. Wie wirkte das Verhalten auf Sie? Welche Phantasien hatten Sie in der fraglichen Situation? Welche Folgen hatte das kritisierte Verhalten für Sie persönlich?
- Daraus ergibt sich, dass Sie möglichst in der in der Ich-Form sprechen („Mir ging es damit so: ...") und nicht – oder so wenig wie möglich – per „du/Sie" („Du bist ..."), „man" („Man muss doch ...") oder „wir" („Alle denken, dass du ...").
- Ihr Partner wird Ihnen leichter zuhören, wenn er auch Positives zu hören bekommt. Je konkreter, desto wirkungsvoller.
- Generell wird Kritik nur dann angenommen, wenn das bisherige Verhältnis von positiver Rückmeldung (Lob, Anerkennung) und Kritik nicht kleiner war als etwa 2:1. Und sie wird besser angenommen, wenn keine Unbeteiligten Zeugen der Kritik werden.
- Sagen Sie, was sie sich wünschen, welches Verhalten Sie gut finden und was Sie sich konkret anders vorstellen.
- Bitten Sie die andere Person um ihre Sicht der Dinge. Dadurch merken Sie, wie Ihre Kritik und Ihr Anliegen aufgenommen werden. Außerdem signalisieren Sie so Offenheit für Kritik und Rückmeldung – die gleiche Offenheit, die Sie sich von der anderen Person wünschen.

Übungen

a. Welche „Druckauslöser“ erkennen Sie in den folgenden Beispielen für Kritik?

1. Kannst du mir nicht ausnahmsweise mal zuhören?
2. Du bist doch ein Elefant im Porzellanladen!
3. (laut): Wir hatten vier Uhr ausgemacht! Jetzt ist es halb fünf!
4. Das ist doch eine faule Ausrede von dir!

b. Formulieren Sie ein konstruktives, kritisches Feedback in drei Schritten für folgende Situationen:

1. Ihre Freundin hat seit drei Monaten nicht mehr angerufen. Sie sind enttäuscht und wollen das in einem Telefongespräch klären.
2. Ihr Partner und Sie hatten vereinbart, dass Sie und er sich die Hausarbeit teilen. Er kümmert sich um den Abfall, Sie um die Wäsche und so weiter. Vor einiger Zeit hatte er eine Phase starker beruflicher Belastung, und Sie haben ihm die Arbeit ohne Aufhebens abgenommen. Diese Phase scheint vorbei – allerdings sind immer noch Sie diejenige, die den Müll hinunterträgt ...
3. Ihr Partner hat das erste Mal gekocht. Er fragt stolz, wie es Ihnen geschmeckt hat – und es hat Ihnen nicht geschmeckt. Was antworten Sie?

Kapitel 6

Nichts gesagt ist nicht genug.

Wie Sie Kritisches im Beruf rückmelden

28. Januar 2003
Bis Ende der Woche soll die Präsentationsvorlage für meinen Chef fertig sein, und wie bitte soll ich mich konzentrieren, wenn Frau Schübler die ganze Zeit telefoniert??? Ich glaube nicht, dass das alles berufliche Gespräche sind, so lustig, wie es da manchmal zugeht. Ich bin schon so weit, dass ich die Minuten zähle, wenn sie telefoniert. Ich werde ihr sagen, dass sie bitte weniger und leiser telefonieren soll. Oder vielleicht können wir bestimmte Zeiten ausmachen, auf die sie ihre Telefonate beschränkt. Weiß sie nicht, woran ich arbeite? Ist sie einfach nur gedanken- oder wirklich rücksichtslos? Frau Schübler! Ich hoffe, ich fahre nicht aus der Haut, wenn ich mit ihr rede – wäre kein schöner Anblick ...

Im Beruf arbeiten wir meistens mit Menschen zusammen, die wir uns nicht selbst ausgesucht haben – im Unterschied zum Privatleben, wo wir unsere Kontakte weitgehend selbst wählen. Das bedeutet: Wir haben es im Beruf mit Menschen zu tun, deren Verhaltensweisen, Charakterzüge, Eigenschaften und Werte sich unter Umständen sehr von den eigenen unterscheiden. Höfliche Umgangsformen erleichtern dabei den Kontakt. Natürlich kann sich bei längerer Zusammenarbeit und dem Entdecken von Gemeinsamkeiten Freundschaft entwickeln. Der übergeordnete Zweck des Zusammenseins im Beruf ist aber die Arbeit und das Erreichen der Team- bzw. Unternehmensziele.

Entsprechend verändert sich auch die Ausrichtung der kritischen Rückmeldung im Beruf. Die besondere Herausforderung besteht darin, sachliche und begründete Kritik ohne Gesichtsverlust für einen der Beteiligten zu äußern. Im Hinblick auf eine effektive Zusammenarbeit gilt es, das Image der anderen Personen und das eigene Ansehen zu pflegen. Denn Kritik im beruflichen Kontext sollte die gemeinsame Arbeit in erster Linie verbessern und sie nicht in Frage stellen.

Kritik gegenüber Kollegen auf gleicher Ebene

Die Rückmeldung in drei Schritten, die Sie als Kurzform in Kapitel 5 kennen gelernt haben, lässt sich etwas abgewandelt auch für berufliche Zwecke nutzen.

Kritische Rückmeldung im beruflichen Umfeld

1. *Situation objektiv beschreiben*
   und dazu die Sichtweise des Gesprächspartners erfahren bzw. erfragen.
2. *Folgen des Verhaltens aufzeigen*
   und auch hier die Sichtweise des Gesprächspartners erfahren.
3. *Lösungen und Veränderungen gemeinsam besprechen und vereinbaren.*

Objektive Folgen nennen

Der zweite Schritt „Folgen aufzeigen“ ist im beruflichen Bereich anders als in privaten Beziehungen. Gegenüber Freunden und Familienmitgliedern sprechen Sie auch über die *innere* Wirkung eines kritisierten Verhaltens, also über Gefühle und Ihre Phantasien dazu. Bei der Kritik in beruflichen Beziehungen beschränken Sie sich auf die Rückmeldung der *äußeren* Wirkungen. Welche Nachteile hat das kritisierte Verhalten für das Team, welche Folgen ergeben sich für andere beteiligte Personen, für das Unternehmen und für die gemeinsamen Ziele? Wichtig ist hier, dass Ihr Gesprächpartner nachvollziehen kann, welche Auswirkungen sein Handeln für ihn selbst und für die Belange der Arbeit hat. Einen Leitfaden für das Gespräch mit einem Kollegen oder einer Kollegin auf gleicher Ebene finden Sie auf der nächsten Seite.

Leitfaden für das berufliche Rückmeldegespräch[11]

Vorher:	Tatsachen ermitteln und ihre Darstellung überlegen. Günstigen Zeitpunkt in normaler, möglichst positiver Atmosphäre suchen.
Gespräch:	**Das Anliegen äußern** „Frau Schübler, es geht um xyz, kann ich darüber mit Ihnen reden?" Problem sachlich darlegen; Eigene Sachinformationen geben. **Keine Vermutungen. Keine Interpretationen. Keine Beschuldigungen.** **Stellungnahme des/der Gesprächspartner/in erbitten.** Geduldige, offene Informationsfragen, nachhaken. **Verständnis** für die sachlichen Folgen des Verhaltens **wecken**: schlussfolgernde Fragen. Möglichst zu übereinstimmender Beurteilung kommen. Ursachen des Problems ermitteln.
Abschluss:	**Lösungsmöglichkeiten** besprechen Positiven Ausklang schaffen, Überleitung zum Alltagsgeschäft.

Wie Marion mit ihrer Kollegin Frau Schübler spricht.

Marion geht mit Frau Schübler in die Pause, nachdem sie sich am Vormittag um eine freundliche Atmosphäre bemüht hat. Die Stimmung ist recht gut, und nachdem sie über verschiedene Themen geredet haben, lenkt Marion zu ihrem Anliegen hin.

---

[11] Der Leitfaden ist entwickelt aus einer Unterlage von und in Zusammenarbeit mit Klaus Steinke, www.study-train.de

Marion: Frau Schübler, ich habe ein Anliegen. Es geht darum, dass ich diesen Vortrag, Sie wissen schon, für Herrn Vollhardt, bis Freitag vorbereite. Und ich glaube, ich brauche Ihre Unterstützung für ein Problem.
Frau Schübler: Oh? Was kann ich da tun?
Marion: Ich sitze seit einer Woche an dem Manuskript und bin auch schon ein ganzes Stück voran gekommen. Jetzt beginne ich gerade mit einem schwierigen Teil, der Bewertung der Zahlen. Heute ist Mittwoch, und bis Freitag erwartet Herr Vollhardt das Ergebnis.
Frau Schübler: Ja, und? Soll ich etwas für Sie schreiben?
Marion: Nein, das ist es nicht. Durch die vielen Telefonate, die bei uns eingehen und ausgehen, komme ich nur schwer dazu, mich zu konzentrieren. Ich frage mich, wie ich das bis Freitag schaffen kann.
Frau Schübler: Ja, das geht mir auch ab und zu so. Da weiß man echt nicht, wo einem der Kopf steht ...
Marion: Es würde mir helfen, zwei bis drei Stunden am Tag zu haben, in denen weniger los ist.
Frau Schübler: Aber Telefonate kommen eigentlich immer rein, und ich habe selbst auch sehr viele Gesprächstermine, die kann ich nicht bis nächste Woche verschieben.
Marion: Wann fängt es bei Ihnen nachmittags wieder an?
Frau Schübler: So um zwei, halb drei.
Marion: Ich habe noch eine Idee.
Frau Schübler: Ja?
Marion: Wenn ich die Zeit kurz nach der Mittagspause nutze, also zwischen 13 und 16 Uhr, und Sie mich unterstützen, indem Sie, wenn möglich, vormittags Ihre Telefonate erledigen, die ausgehenden meine ich, dann könnte ich in dieser Zeit ziemlich konzentriert arbeiten.
Frau Schübler: Ja, das wäre denkbar. Da kommen auch weniger Anrufe rein.
Marion: Oder haben Sie vielleicht noch eine andere Idee?
Frau Schübler: Vielleicht ist ein anderer Raum im Haus frei, den Sie zwischendurch benutzen können?
Marion: Ja – ich spreche da am besten mal mit Herrn Vollhardt ...
Frau Schübler: Es kann aber sein, dass ich doch auch mal nachmittags telefoniere.

Marion: Sicher. Mir war's wichtig, zu wissen, dass Sie mich unterstützen wollen. Danke. Ich bin erleichtert, denn jetzt habe ich ein Zeitfenster ... Ich hole mir noch einen Kaffee, möchten Sie auch einen?

Marion erreicht in diesem Gespräch ihr Ziel, indem sie

- die Kollegin um Unterstützung bittet, anstatt sie für persönliche Schwierigkeiten verantwortlich zu machen,
- zuerst ihre persönliche Situation schildert und dadurch die Kollegin zum Nachfragen bringt,
- ihr Problem als gemeinsames Problem vermitteln kann (*wir* haben viele Anrufer) und
- einen konkreten Vorschlag macht, der auch annähernd realisierbar ist.

Als Vorbereitung auf ein Rückmeldegespräch überlegen Sie, was Sie unternehmen werden, wenn Sie mit Ihrem Anliegen keinen Erfolg haben. Sie werden das Gespräch ruhiger führen, wenn Sie wissen, welche Alternativen Ihnen zur Verfügung stehen. – Auch der Gesprächspartner hat oft eigene, wertvolle Ideen, wie das Problem zu lösen ist. Marion kommt durch Frau Schübler auf eine Lösungsmöglichkeit, die ihr selbst noch nicht eingefallen ist.

Die Bedeutung gemeinsamer Ziele

Wenn Sie und Ihre Gesprächspartnerin gemeinsame *Ziele* haben und wenn Ihnen beiden klar ist, welche Ziele sie in Team erreichen sollen, dann ist auch das Feedback von Kollegin zu Kollegin wesentlich leichter zu geben. Es genügt dann, eine schwierige Situation nachvollziehbar zu beschreiben. Ihre Gesprächspartnerin wird selbst darauf kommen, dass es einen Unterschied zwischen den Folgen des kritisierten Verhaltens und den gemeinsamen Zielen gibt. Sobald sie das erkannt hat, wird sie mit Ihnen gemeinsam nach Lösungsmöglichkeiten suchen.

Anders ist es, wenn in einem Team Unklarheit über die Prioritäten bei der Arbeit herrscht, z. B. wenn die Gesprächpartnerinnen unsicher sind, ob es wichtiger ist, die Präsentation fertig zu bekommen (Frau Schübler würde dann Marion unterstützen) oder ob es wichtiger ist, verschiedene Telefonate zu erledigen. Als Kollegin ist Marion nicht in der Position, dass sie Frau Schübler die Ziele und Schwerpunkte ihrer Teamarbeit „unter die Nase reiben“ kann, wenn sie der anderen nicht von selbst einfallen. Fingerzeige in diese Richtung würden wahrscheinlich als Überschreitung von Marions Kompetenzbereich erlebt und nicht akzeptiert werden. Marion hat lediglich die Möglichkeit, ihre Situation darzustellen, um ihre Kollegin auf diesem Wege zu einer Verhaltensänderung zu bringen.– Bei Zielkonflikten ist es die Führungskraft, die für Klarheit sorgen und Prioritäten setzen sollte.

Wie Sie als Mitarbeiterin eine Führungskraft kritisieren

Wie sagen Sie es Ihrer Führungskraft, wenn Sie deren Verhalten und Entscheidungen verändern wollen? Sagen Sie es ihr überhaupt? Nicht viele haben das Glück, mit einer Führungskraft zusammen zu arbeiten, die offene Kritik wünscht – und die Rückmeldungen auch aushält und sich davon beeinflussen lässt. Weisungs- und Beurteilungsmacht gehen oft Hand in Hand. Wer die Beziehung zur vorgesetzten Person als hierarchisches Machtgefälle erlebt, scheut sich vielleicht davor, aktiv „von unten nach oben“ Einfluss zu nehmen. Andererseits ist die Führungskraft auch eine Angestellte des Unternehmens und an dessen Zielen orientiert. Darin liegt Ihre Chance zur konstruktiven Kritik, wenn Sie in einem Umfeld arbeiten, das kritische Offenheit erschwert.

Kurz gesagt: Es gelten für die kritische Rückmeldung an die Führungskraft die gleichen Regeln wie für die Kritik unter Kolleginnen und Mitarbeitern auf gleicher Rangstufe. Entscheidend ist es, nicht in den Entscheidungsspielraum und Kompetenzbereich der Führungskraft hineinzuspielen und sich mit Bewertungen (von Verhaltensweisen, von Entscheidungen) zurückzuhalten. Je konkreter Sie Sachverhalte und deren Folgen schildern können, ohne jemanden direkt als verantwortlich für einen Missstand zu bezeichnen, desto mehr Chancen haben Sie, dass Sie gehört werden. Aus der Schilderung alleine sollte schon der Bedarf an Veränderung hervorgehen. Führen Sie das Gespräch durch Fragen, die den Problemlösungsprozess ansprechen (siehe Kapitel 7, S. 98)! Seien Sie darauf vorbereitet, Lösungsvorschläge zu machen.

Beispiel:
Marion spricht Herrn Vollhardt auf die ungünstige Raumsituation an. Er ist als Führungskraft dafür zuständig, die benötigten Arbeitsmittel und -bedingungen bereitzustellen.

> ***Marion***: Herr Vollhardt, ich bin gerade an der Präsentation für Montag. Mir fiel in dieser Woche auf, dass vormittags pro Stunde ca. zehn Anrufe von Kunden hereinkamen, die von uns natürlich auch bearbeitet und z.T. mit Rückrufen beantwortet wurden. Es ist schwer, sich parallel zu diesen Gesprächen zu konzentrieren, und ich möchte die Präsentation für Sie noch Freitagmittag fertig haben. Mein Wunsch und meine Frage an Sie: Kann ich für heute und morgen Vormittag einen separaten Raum bekommen? ... – Was halten Sie von der Idee, generell einen Raum für solche Zwecke bereitzustellen?

Neben dem Feedback in drei Schritten können Sie hier einen anderen Dreischritt anwenden:

- Beschreiben Sie den Sachverhalt, so dass die Schwierigkeiten sichtbar werden. (Situation/Problem)
- Zeigen Sie dass Sie die Interessen Ihres Gesprächspartners im Blick haben. (Ziel)
- Äußern Sie Ihre Veränderungswünsche positiv und direkt.

Das ist eine konstruktive Methode, Veränderungsvorschläge zu machen, ohne eine verantwortliche Person für einen Missstand „anzuklagen".

Wie Sie als Führungskraft einen Mitarbeiter kritisieren

Rolle der Führungskraft

Als Führungskraft haben Sie eine andere Funktion als Ihre Mitarbeiter und Mitarbeiterinnen. Sie erledigen nicht nur Ihre eigene fachliche Arbeit, sondern haben zudem kommunikative und organisatorische Aufgaben. Sie behalten die Unternehmensziele im Blick und kommunizieren sie in Form von Teamzielen und Aufgabenprioritäten an Ihre Mitarbeiter. Sie stellen ihnen die benötigten Arbeitsmittel zur Verfügung, koordinieren die Zusammenarbeit und entscheiden in Zweifelsfällen. Dabei sollten Sie motivierend wirken, das Team zusammenhalten sowie Ihren Mitarbeitern die Möglichkeit geben, sich für das Unternehmen weiter zu entwickeln[12].

Kritik in Abhängigkeit vom Führungsstil

Je nach Entwicklungsstand des Teams und je nach Führungsstil der Führungskraft wird auch die Form der Kritik anders ausfallen. Wenn Mitarbeiterinnen eine *hohe* Eigenverantwortung für das Erreichen der gemeinsamen Ziele übertragen („delegiert") bekommen haben, kann die Führungskraft partnerschaftlich auftreten, und die Kritik orientiert sich dann an dem Modell für kollegiale Kritik, das Sie oben kennen gelernt haben.

Wer Mitarbeiter mit *wenig* Erfahrung führt, weiß, dass diese oft nicht über genügend Orientierung im Unternehmen verfügen, um bestimmte Entscheidungen selbst zu treffen. Anweisungen an einen solchen Mitarbeiter werden „dirigierender" ausfallen, und vielleicht wird es nötig sein, ganz konkrete Verhaltensweisen vorzuschreiben.

---

[12] Vgl. zu Führungsstilen: Blanchard und Johnson 1983, 2000.

Die Führungskraft kann ihre Teammitglieder auf diesem Entwicklungsstand halten und jede Entscheidung selbst treffen. Oder sie kann ihre Mitarbeiter weiterentwickeln und ihnen mehr Verantwortung übertragen. Dazu wird sie mit ihnen über die Ziele des Teams und des Unternehmens sprechen und ihren Entscheidungsspielraum vergrößern. Werden dabei „Fehler" gemacht, steht ein „Kritikgespräch" an. Dabei spricht die Führungskraft mit dem Mitarbeiter, um seine Erfahrungen auszuwerten und ihn auf die Folgen seiner Handlungen und Entscheidungen aufmerksam zu machen. Das Kritikgespräch ist insofern ein Rückmelde- und Aufklärungsgespräch; es geht darum, dass der Mitarbeiter in Zukunft besser selbständig handeln und arbeiten kann.

Wie Sie aus einer Führungsrolle heraus kritisieren

Falls Sie als Führungskraft das Verhalten einer (unerfahrenen) Mitarbeiterin kritisieren, dann ergänzen Sie zum Leitfaden für Rückmeldegespräche folgende Punkte:

- Vereinbaren Sie gemeinsam einen Termin in einem *separaten Raum.* So ist vor allem die Mitarbeiterin vor unbeteiligten Ohren und Augen geschützt.
- *Erinnern Sie an die Ziele* der Abteilung oder des Teams und erklären Sie, warum das kritisierte Verhalten nicht zielführend war.
- *Lassen Sie sich Rückmeldung* geben, inwieweit die Mitarbeiterin Ihre Gründe nachvollzieht und wo noch *Fragen* offen sind.
- Aktivieren Sie Ihre Mitarbeiterin, indem Sie sie *um Vorschläge* zur Veränderung *bitten.* Schlagen Sie selbst auch Lösungsmaßnahmen vor.
- Wenn Ihre Mitarbeiterin noch wenig Erfahrung besitzt, dann *legen Sie selbst die Lösungsmaßnahme fest* und *erfragen* lediglich die *Zustimmung* Ihrer Gesprächspartnerin. Achten Sie darauf, dass Veränderungen konkret, realistisch und nachprüfbar vereinbart werden.

- Setzen Sie oder sprechen Sie *Termine* ab, bis wann die Maßnahme umgesetzt sein wird. Vereinbaren Sie, *wie Sie von der Umsetzung erfahren* (Kontrolle).
- Falls das kritisierte Verhalten sich nicht ändert, ist ein weiteres Rückmeldegespräch notwendig. Sprechen Sie darin die Konsequenzen an: Was für Maßnahmen werden Sie ergreifen, falls das Verhalten sich in der kommenden Zeit nicht nachvollziehbar auf die gewünschte Weise verändert? Begründen Sie die möglichen Maßnahmen. Suchen Sie gemeinsam nach weiteren Lösungsansätzen, vereinbaren Sie, was Sie und Ihre Mitarbeiterin bis zum nächsten Gespräch verändern werden.
- Seien Sie konsequent: Prüfen Sie die Veränderungen beim nächsten Gesprächstermin. Geben Sie Anerkennung für Geleistetes. Falls kein Erfolg eintritt, begrenzen Sie möglichen weiteren Schaden (z. B. bekommt die Mitarbeiterin dann einen anderen Aufgabenbereich zugeteilt).

Ein Wort zum Thema Anerkennung im Beruf

So zu kritisieren, dass die andere Person die Kritik auch annimmt, ist eine Kunst. Doch auch angemessene, sachlich begründete Anerkennung ist nicht ganz einfach auszusprechen. Die Sympathie oder Antipathie gegenüber einer Kollegin hat Einfluss darauf, wie man ihre Leistungen wahrnimmt. „Nichts gesagt ist genug gelobt“ ist im Falle gegenseitiger Abneigung eine zu leichte Rechtfertigung. Wer erlebt, dass einfach nur „nichts gesagt“ wird, weiß nicht wirklich, wie andere von ihm denken.

Die Fähigkeit, Anerkennung annehmen zu können und die Fähigkeit, Anerkennung auszusprechen, gehen oft Hand in Hand. Wie reagieren Sie auf Anerkennung von Ihren Kollegen oder Ihrer Führungskraft? Wiegeln Sie ab und spielen Ihre Leistung herunter? Oder freuen Sie sich darüber, ohne misstrauisch zu werden?

Anerkennung stärkt das Selbstbewusstsein für die eigenen Stärken. Sie baut gegenseitiges Vertrauen auf und bildet die Grundlage dafür, sich mit Kritik aktiv auseinander zu setzen.

Kritisches Feedback – was wörtlich übersetzt „Rück-Füttern“ heißt – kann leicht auf den Magen schlagen. Ehrliche anerkennende Worte hingegen pflegen die beruflichen Beziehungen, gerade auch zu ungeliebten Kollegen. Gegenseitige Anerkennung ist eine nährende Grundlage, auf der ein „bitterer Tropfen“ Kritik leichter verdaulich ist – gehen Sie dazu in Vorleistung.

Anerkennung ist eine Investition in Ihre Beziehungen – nicht nur in die beruflichen. Schaffen Sie sich durch gezielte Beobachtung und Rückmeldung positiven Verhaltens eine Vertrauensgrundlage, ein „Beziehungskonto“, von dem Sie später auch einmal „abbuchen“ können, wenn Sie etwas am Verhalten einer Person kritisieren.

Übung

a. Was dem einen sympathisch ist, ist dem anderen unsympathisch. Welche Stärke bzw. positive Eigenschaft ist in folgenden negativen Eigenschaften enthalten?
Beispiel.: Wer „neugierig“ ist, ist auch: *wissbegierig*.

1. neugierig
2. eigenwillig
3. naiv
4. unbeherrscht
5. nachgiebig
6. kleinlich

b. Formulieren Sie ein Feedback in drei Schritten: Ihre Kollegin hat bereits vor einer Woche versprochen, dass sie das Protokoll „gleich“ fertig hat. Es liegt Ihnen bisher noch nicht vor. Sie brauchen es dringend für Ihre Besprechung mit der Abteilungsleiterin in einer Stunde.

c. Welchem Kollegen oder welcher Kollegin wollen Sie eine kritische Rückmeldung geben? Bereiten Sie sich vor:

- Um welches konkrete Verhalten geht es? Beschreiben Sie, was Sie gesehen, gehört haben ohne Bewertung.
- Welche positiven Seiten sehen Sie in diesem Verhalten?
- Wann wird dieses Verhalten für Sie zu einem Problem? Warum?
- Mit welchen Folgen? Welche beruflichen Ziele werden dadurch nicht erreicht und sollten erreicht werden?
- Wie werden Sie die Sichtweise der Kollegin/des Kollegen erfahren? Worin wird Ihnen die Kollegin/der Kollege voraussichtlich zustimmen?
- Was wünschen Sie sich? Welche konkreten Vorschläge oder Bitten werden Sie aussprechen?

Kapitel 7

Haben Sie dazu noch Fragen?

Wie Sie ein Gespräch mit Experten durch Fragen steuern

3. Februar 2003
Heute war ich mit Julien beim Kinderarzt wegen seines Dauerschnupfens. Der Arzt erzählte Julien viel und ermutigte ihn auch zu fragen, na ja, Julien fragt sowieso immer viel. Der Arzt war jedenfalls sehr geduldig. Ich habe mir dabei insgeheim gedacht, schön, wenn meine Ärztin auch so wäre ... Sie ist manchmal so unpersönlich und hektisch, dass ich mir vorkomme wie eine Nummer. Da vergeht mir die Lust, Fragen zu stellen. Und dann bin ich so schnell wieder draußen, dass mir erst hinterher klar wird, was ich eigentlich hätte wissen wollen. Vielleicht sollte ich mir ein Beispiel an Julien nehmen: gar nicht lange warten und einfach drauflosreden.

Da ist die Ärztin, die unter Zeitdruck arbeitet und Sie bei der Untersuchung kaum anschaut; da ist der Verkäufer, der Ihnen schon zum Kauf gratuliert, obwohl Sie sich noch nicht entschieden haben, oder die Steuerberaterin, deren Fachkenntnis Sie beeindruckt, wobei Sie nach ihrer Erklärung immer noch nicht wirklich verstanden haben, was sie mit „Abschreibung" meint. Wie bringen Sie solchen Personen gegenüber Ihren Informationsbedarf ein? Und wie steuern Sie den Gesprächsfluss, so dass Sie aus den Informationen auch einen Nutzen ziehen können?

Was bringt Ihnen das Fragen?

Fragen sind ein „Universalschlüssel", mit dem Sie im Gespräch an die Vorstellungen und das Wissen Ihres Gesprächspartners herankommen. Durch Fragen „erschließen" sich Ihnen im Gespräch mit einer Fachperson die Informationen, die Sie für Ihre Situation und Ihre Vorhaben brauchen, um eigenverantwortlich entscheiden und handeln zu können.

Vor manchen operativen Eingriffen bekommen Sie zum Beispiel ein Informationsblatt, auf dem die Risiken der Operation zu lesen sind. Sie sollen es als Nachweis Ihrer Einwilligung unterschreiben.

Für viele Gesprächspartner bedeutet Schweigen Zustimmung. Setzen Sie Ihre Fragen dieser stillschweigenden Annahme entgegen.

Fragen nachvollziehbar und verständlich stellen

Versetzen Sie sich im folgenden Beispiel einmal in die Rolle der gefragten Person: Ihr Partner erkundigt sich nach Ihren Plänen für den heutigen Tag. Sie geben eine ausführliche Antwort, erzählen, was Sie noch erledigen möchten, wann Sie Pause machen und Mittagessen gehen werden und so weiter. Ihr Gesprächspartner sagt am Schluss: Ich wollte eigentlich bloß wissen, wann du heute zu Hause bist, ich erwarte nämlich einen Anruf!

Ich koche sehr gerne. Wenn mich ein Gast fragt: „Das schmeckt toll, wie hast du das gemacht?", überlege ich, wie ausführlich ich antworten soll: Will der Gast nur die eine besondere Zutat wissen oder doch so viel, dass er das Gericht nachkochen kann?

Einem Experten ist beim Gespräch mit Patienten, Kunden und Ratsuchenden oft das eigene „Expertenwissen" im Weg. Wer sich in einem Spezialgebiet auskennt, kann auf eine unkonkrete, offen gestellte Frage sehr lange und sehr ausführlich antworten („Wie funktioniert das mit der steuerlichen Abschreibung?"). Damit ist die Frage dann zwar vollständig beantwortet und alle denkbaren Fälle sind berücksichtigt – doch war es dann eben nicht das, was die fragende Person brauchte. („Ich wollte eigentlich nur wissen, ob das auch für meinen neuen Computer gilt.")

Ihr Gesprächspartner kann Ihre Fragen schneller und gezielt beantworten, wenn Sie den Grund Ihrer Frage nennen.

Tipp:

Nennen Sie den *Anlass* oder den *Zweck* der Frage: Durch welches Ereignis ist die Frage entstanden? Wozu brauchen Sie die Antwort?

Beispiel:
Marion fragt ihre Ärztin
Anlass und Frage: „Frau Michels, ich habe in der letzten Woche immer nachmittags Bauchschmerzen gehabt. Was könnten die Schmerzen bedeuten?“
Zweck und Frage: „Wir wollen im Winter nach Kenia fliegen. Welche Impfungen brauche ich für die Reise?“

Wie Sie mit Hilfe von Leitfragen Probleme besprechen

Ob Sie mit Ihrem Arzt besprechen, wie Sie beispielsweise Schlaflosigkeit bekämpfen können oder ob Sie mit einer Innenarchitektin zusammensitzen, um eine Lösung für das Raumproblem im Neubau zu erarbeiten oder ob Sie und Ihr Partner diskutieren, wie das eigene Kind zu angemessener Mithilfe im Haushalt motiviert werden kann – all das sind Gespräche, in denen ein Problem zu lösen ist. Es gibt einen „roten Faden“, an dem Sie sich auch bei Gesprächen mit Experten orientieren können: der Problemlösungsprozess. Er besteht aus einer Reihe von Fragen, die nacheinander gestellt, besprochen und beantwortet werden. Am Ende des Gespräch steht dann eine auf das Problem passende Lösung.

Fragen, die zu einer Problemlösung führen

1. Was ist das Problem? *(Problem benennen)*
▼
2. Womit hängt es zusammen? *(Ursachen finden)*
▼
3. Welche Lösungsmöglichkeiten sind denkbar? *(Sammeln verschiedener Möglichkeiten)*
▼
4. Welche Lösung wählen wir? *(Auswahl und Entscheidung)*
▼
5. Wer macht was bis wann? *(Konkrete Vereinbarung)*
▼
6. Wie und wann prüfen wir den Erfolg der Lösung?

Damit Ihre Anliegen im Gespräch gehört werden und Ihre Gesprächspartner Ihre Fragen einordnen können, erwähnen Sie zuvor, an welchem gedanklichen Punkt Sie sind:

- Ich brauche noch ein paar Infos, um mir ein Bild zu machen/ um die Lage zu verstehen
- Ich suche noch nach den Zusammenhängen zwischen ...
- Ich möchte gerne die Alternativen kennen lernen
- Ich möchte zu einer Entscheidung kommen und frage deshalb, ...
- Damit ich weiß, was ich konkret tun kann, ...
- Damit ich das auch alleine tun kann, brauche ich noch eine Antwort auf die Frage ...

Vier Fragetechniken für das Problemlösungsgespräch

„Wie man in den Wald hineinruft, so schallt es zurück" – das gilt auch für das Fragen. Sie bekommen inhaltlich als Antwort, wonach Sie fragen – und Sie beeinflussen die Antwort durch die Form Ihrer Frage.

Folgende vier Fragetechniken sind meiner Meinung nach die hilfreichsten für ein Gespräch mit Expertinnen und Fachpersonen.

1. Die offene Frage

Die offene Frage beginnt mit einem W-Fragewort (Was, wer, wo, wie, warum, weshalb, wozu, welche ...). Es kann auch eine Präposition (in, auf, ab, zu ...) vor dem W-Fragewort stehen: In welcher ... Inwiefern ... u. a.

Mit der offenen oder W-Frage „öffnen" Sie das Gespräch für einen breiten Informationsfluss: Die offene Frage ermöglicht es der gefragten Person, ausführlich zu antworten. Wollen Sie im Gespräch mit Experten ein Thema erst einmal in seinen verschiedenen Möglichkeiten erkunden, dann stellen Sie offene Fragen.

> Informationen sammeln Sie mit offenen Fragen.

Den Antwortspielraum bedenken

Einige W-Fragen lassen viel Antwortspielraum, zum Beispiel „Was tun Sie gerade?“, „Warum haben Sie mir dieses Medikament verschrieben?“ oder „Wie werden Sie vorgehen?“ Sie sind geeignet für den Anfang eines (Problemlösungs-)Gesprächs. Andere W-Fragen sind stärker auf einen Zweck ausgerichtet: „Was kann ich gegen die Bauchschmerzen tun?“, denn hier wird nach der Lösung für ein bereits definiertes Problem gesucht. Auf die W-Fragen „Welche Impfung brauche ich?“ „Wann soll ich Sie anrufen?“ oder „Wie viel Zeit nehmen Sie sich dafür?“ genügen schon wenige Worte als Antwort. Hier gilt es, Entscheidungen oder abschließende Vereinbarungen zu treffen. Diese formal „offenen“ Fragen wirken nahezu geschlossen.

Tipp:

Während Sie die Frage formulieren, achten Sie darauf, an welcher Stelle des Problemlösungsprozesses Sie sich befinden. Welchen Antwortspielraum geben Sie Ihrem Gesprächspartner? Haben Sie eine mögliche Antwort schon im Kopf, während Sie fragen? Ist das zweckdienlich an dieser Stelle des Gesprächs? – Prüfen Sie auch die Antwort, die Sie bekommen haben: Inwiefern könnte die Antwort mit Ihrer Frageform zusammenhängen?

2. Die konkretisierende Frage

Häufig drückt sich die Gesprächspartnerin nicht so präzise aus, dass Sie gleich verstehen, was sie genau meint. Sie hören einen Fachbegriff, eine Andeutung, z. B. „Auf der Grundlage der neuen Gesetze ...“ oder eine wertende Aussage, z. B. „Das ist besser als Ihr bisheriges Medikament“. Möglicherweise setzt Ihre Gesprächspartnerin ein bestimmtes Wissen bei Ihnen voraus oder ihr sind die Einzelheiten gerade selbst nicht deutlich im Bewusstsein. Sie sind nun auf Vermutungen angewiesen und denken sich dann Ihre eigenen Erfahrungen und Assoziationen in diese „Leerstellen“ hinein.

Beispiel
Eine Lehrerin appelliert an die Eltern: „Die Schüler dürfen nicht immer noch schlechter werden!" Es kann sein, dass sie als Fachfrau mehr weiß, als sie in diesem Satz mitteilt.

Wenn Sie genauere Informationen bekommen wollen, können Sie nachfragen. In diesem Beispiel finden sich konkretisierende Fragen zu jedem Teil der Aussage:

- Welche Schüler meinen Sie *genau*? – Unklar ist, ob es um eine bestimmte Gruppe oder um Einzelfälle geht.
- *Worin* genau werden sie „schlechter"? – Hier fragen Sie nach konkretem Verhalten, das bewertet wird.
- „Schlechter" *im Vergleich zu was*? – Es fehlt ein zweiter Bezugspunkt.
- *Immer*? Seit wann denn schon? – Die Aussage gibt vor, dass es sich um einen unendlichen Prozess handelt. Hinterfragen Sie die Verallgemeinerung.
- *Was* würde passieren, *wenn* ...? – Denken Sie den Gedanken zu Ende – lassen Sie ihn zu Ende denken!
- Werden die Schüler *tatsächlich* schlechter (in der Schule)? In welchen Fächern? – Sie können auch die gesamte Aussage in Frage stellen.

> Mit der konkretisierenden Frage „Wie genau, wer genau, was genau?" vertiefen Sie oberflächliche Aussagen.

Sie sorgen so dafür, dass Sie – und Ihre Gesprächspartnerin! – eine konkretere Vorstellung davon bekommen, was gemeint ist und worüber Sie beide sprechen. Sie haben dadurch mehr Ansatzpunkte für eine sachliche Diskussion und beugen Missverständnissen vor.

Vielleicht wenden Sie nun ein: Wenn jedes Wort hinterfragt wird, dann hört das Gespräch ja auf, bevor es begonnen hat. – Richtig. Das konkretisierende Fragen ist speziell für die „Schlüsselwörter" in einer Aussage gedacht, und Sie entscheiden im Verlauf des Gesprächs selbst, welche Aussagen Sie konkreter haben wollen.

3. Die zusammenfassende Frage

Die dritte Fragetechnik, die zusammenfassende Frage, sorgt dafür, dass Sie das Wesentliche im Gespräch erfassen, auch wenn ein schwieriges Thema besprochen wird oder Sie sogar gegensätzliche Standpunkte vertreten. Während ein Gesprächspartner noch redet, fallen dem anderen oft schon die nächsten Argumente ein, und es wird überhört, was der andere noch mitteilen will. Die zusammenfassende Frage ist die Fragetechnik, mit der Sie in Kontakt zur Gedankenwelt des Gesprächspartners bleiben.

> Nach einem Gesprächsabschnitt fassen Sie in eigenen Worten zusammen, was Sie als *Kern* der Aussage Ihres Gesprächspartners verstanden haben. Formulieren Sie das Ganze als (geschlossene) Frage, z. B. „Verstehe ich Sie richtig – Sie meinen ...?“ oder „Du sagst, dass ...?“oder „Also, dir ist wichtig ...?“

Ihr Gesprächspartner wird Ihnen daraufhin bestimmt rückmelden, was Sie richtig verstanden haben und was nicht.

Diese Fragetechnik beruht auf „aktivem Zuhören“, d. h., dass Sie sich in die Gedankenwelt des Gesprächspartners versetzen und auch die Botschaften „zwischen den Zeilen“ erkunden (vgl. S. 18).

Die Wirkung der zusammenfassenden Frage

Eine ganze „Rede“ auf ihre zwei oder drei Hauptaussagen treffend zusammenzufassen ist eine Sache der Übung. Doch indem Sie diese fragende Zusammenfassung im Gespräch üben und in eigene Worte fassen, was Sie verstanden haben,

- erfahren Sie, was die andere Person wirklich denkt, denn sie wird Sie berichtigen, falls sie sich missverstanden fühlt.
- zeigen Sie dem Gesprächspartner Wertschätzung, weil Sie wirklich zuhören und dies durch die Zusammenfassung beweisen. Sie verbessern dadurch die Gesprächsatmosphäre.

- sorgen Sie immer wieder für Orientierung, worum es gerade geht. Sie bringen Äußerungen auf den Punkt und kommen rascher zum Wesentlichen. Es gibt weniger Missverständnisse und die Ergebnisse des Gesprächs sind tragfähig.
- haben Sie die Chance, neue Sichtweisen kennen zu lernen, ihre eigene zu überdenken und Ihre Argumente auf den Partner abzustimmen.
- nehmen Sie hitzigen und emotionalen Diskussionen „die Fahrt“: Eine Zusammenfassung verlangsamt das Gespräch; als Frage gefasst wirkt sie wie eine Bremse.
- können Sie klärend einwirken, wenn die Diskussion entgleist, indem Sie die Positionen zusammenfassen: „Du meinst ..., nicht wahr? Und ich meine ...“

4. Die geschlossene Frage als Entscheidungsfrage

Eine geschlossene Frage beginnt mit dem Prädikat (Handlungswort) des Satzes und kann sehr kurz mit Ja oder Nein beantwortet werden, z. B. „Geht es Ihnen gut?“ „Haben Sie eine passende Lösung gefunden?“ oder auch „Habe ich das richtig verstanden?“[13] Die geschlossene Frage wird gerne verwendet, um schnell Ergebnisse abzufragen oder Entscheidungen zu erfahren. Wenn Sie also eine kurze Bestätigung oder Entscheidung Ihrer Gesprächspartnerin abfragen wollen, dann ist das eine effektive Fragemöglichkeit. – Alles klar?

---

[13] Auch die zusammenfassende Frage gehört formal zu den geschlossenen Fragen. Mit ihr sichern Sie sich ab, dass Sie den vorangegangenen Beitrag Ihrer Gesprächspartnerin richtig verstanden haben, um darauf im Gespräch aufzubauen. Sie schließt den Gesprächsabschnitt allerdings nur ab, wenn die Zusammenfassung den Sinn der Aussage voll erfasst hat. Wird die zusammenfassende Frage dagegen mit Nein beantwortet, wird Ihre Gesprächspartnerin noch einiges richtig stellen wollen, und das Gespräch läuft zu dem Thema noch weiter.

Sie erfahren eine Entscheidung Ihrer Gesprächspartnerin rasch mit einer geschlossenen „Ja / Nein"-Frage.

Offene und geschlossene Fragen situativ anpassen

Frau T., die in der Aus- und Weiterbildung einer Klinik arbeitet, klagte im Seminar über eine OP-Schwester, die immer in Eile war und der sie ständig wegen Terminen „hinterherlaufen" müsse. Wie kann sie es schaffen, ohne vertröstet zu werden, gleich die Termine zu bekommen? – Wir spielten das Telefongespräch im Rollenspiel nach, und es zeigte sich, dass T. offene Fragen stellte, während die Kollegin sehr in Eile war.

Frau L. lag daran, mit der OP-Schwester gemeinsam nach Lösungen zu suchen. Sie räumte ihr deshalb viel Antwortspielraum mit ihren offenen Fragen ein. Die OP-Schwester aber stand mitten im Stationsgeschehen und hatte nicht die nötige Ruhe, um sich mit Fragen wie: „Wie wollen wir das machen?" und „Wie passt es dir?" aus dem Stand zu beschäftigen und dabei viele Möglichkeiten zu überdenken. – Geschlossene Fragen führten in einem zweiten Rollenspiel schließlich zu einem konzentrierteren und erfolgreichen Gespräch. Die Teilnehmerin erleichterte der OP-Schwester den Entscheidungsprozess mit der geschlossenen Frage „Passt es nächsten Mittwoch um acht?" Die andere warf ein Blick auf den Plan und konnte schnell und klar mit Ja antworten.

Wie Sie mit Fragen die Aufmerksamkeit steuern

Fragen helfen Ihnen wie eine Taschenlampe im Dunkeln: Sie leuchten damit einen Ihnen unbekannten Raum, einen unbekannten Informationsbereich aus. Öffnen Sie die Blende der Lampe auf Streulicht, dann sehen Sie viel auf einmal, doch insgesamt weniger klar und ungenauer. Ähnlich verhält es sich mit den offenen Fragen: Mit ihnen verschaffen Sie sich einen ungefähren Überblick über das, was Ihr Gesprächspartner zu einem Thema beizutragen hat. Um kleinere, für Sie interessante und vielleicht entscheidende Ausschnitte des Raumes deutlicher und genauer sehen zu können, verengen Sie die Blende der Lampe und richten sie gezielt auf eine entsprechende Stelle. Wollen Sie es im Gespräch genauer wissen, dann fragen Sie konkretisierend nach.

Erschließen Sie sich das Wissen Ihres Gesprächspartners, indem Sie genau zuhören. Sie fassen das Gesagte im Laufe des Gesprächs zusammen, und eine geschlossene Frage gibt Ihnen die Sicherheit, dass Sie richtig verstanden haben.

Zielorientiert fragen in Gesprächen mit Experten

- Überlegen Sie vor einem Gespräch, was Sie wissen wollen. Notieren Sie sich Ihre Fragen. Nehmen Sie den Zettel ruhig als Erinnerungshilfe mit, damit Ihnen die Fragen einfallen, wenn es darauf ankommt.
- Kündigen Sie an, dass Sie Fragen stellen wollen. Kaum ein Arzt (oder anderer Experte) wird sich weigern, Ihre Fragen zu beantworten. Wenn die Zeit wirklich knapp ist, fragen Sie, „Wie viel Zeit haben Sie für meine Fragen?“
- Teilen Sie mit, warum und wozu Sie etwas fragen: Nennen Sie den Anlass und den Grund ihrer Frage.
- Prägen Sie sich den Problemlösungsprozess ein und behalten Sie ihn im Gedächtnis, damit Sie erkennen, wann welche Frage günstig zum Gesprächsverlauf passt.
- Sagen Sie ihrem Gesprächspartner, bei welchem Schritt Sie sich gerade befinden, um für sich (und oft auch für die anderen!) zu klären: „Sind wir noch bei der Problemanalyse oder sind wir schon bei den Lösungen?“

Übungen

a. Nutzen Sie das Gesellschaftsspiel „Heiteres Berufe-Raten“, um geschlossenes Fragen zu üben: Ihr Spielpartner denkt sich einen Beruf aus, und Sie stellen nur Ja/Nein-Fragen, um sie herauszufinden. – Wie lange brauchen Sie, um auf die Lösung zu kommen? Was hätten Sie fragen können, um die Antwort sofort zu bekommen?

b. Nutzen Sie die Gelegenheit, offenes Fragen zu üben, wenn Sie jemanden besser kennen lernen wollen.

c. Hinterfragen Sie die Bedeutung von alltäglichen Aussagen (z. B. in den Nachrichten); z. B. „Das Kind hatte einen schlimmen Unfall.“ – Wer, wie, was genau?

d. Machen Sie es sich zur Angewohnheit, im Verlauf eines Gesprächs zusammenzufassen, was Ihr Gesprächpartner gesagt hat, vor allem, wenn es eine längere Äußerung war: „Du meinst also ...?“ – oder „Habe ich das richtig verstanden, du meinst ...“

Kapitel 8

Da stimmt doch etwas nicht!

Wie Sie eine Handwerkerrechnung reklamieren

19. Februar 2003

Unser Hobbykeller ist fertig! Es ging gut voran: In den Weihnachtsferien haben wir die Wand isoliert, tapeziert und gestrichen. Auch die Decke ist prima gelungen mit der Sandfarbe. Die Heizung wurde Ende Januar installiert, und die Messtechnik-Firma hat bald einen Mitarbeiter geschickt, damit der Heizkostenverteiler angebracht wird. Das war vor vierzehn Tagen, an meinem freien Nachmittag. Nun ist heute eine Rechnung angekommen, über die ich mich nur wundern kann. Der Handwerker kam aus dem Nachbarort, das hatte ich bei der Auftragsvergabe extra gefragt. Jetzt stehen doch tatsächlich doppelt so viele Kilometer auf der Rechnung! Und natürlich ist er dafür auch angeblich länger gefahren – wo ich für zehn Kilometer 2 x 7 Minuten brauche, ist er angeblich 18 km gefahren, und das in 40 Minuten. Wegezeit bringt ja auch wieder Geld ... Außerdem weiß ich noch genau, dass das Messgerät in fünf Minuten angebracht war, denn ich bekam währenddessen einen Anruf von Jürgen auf dem Handy, und ich habe das Gespräch rasch beendet, weil der Handwerker schon fertig war. Auf der Rechnung stehen jetzt 30 Minuten Arbeitszeit! Das ist unverschämt. Ich werde gleich morgen früh in der Zentrale anrufen und fragen, was das soll. Herr Winter hieß der Handwerker, glaube ich.

Da scheint alles glatt zu gehen, der Umbau geht wie geplant voran, die Materialien sind von guter Qualität. Marion macht es Spaß zu sehen, wie der Keller zu einem Wohnraum wird. Gemütlich wird's dann mit dem Teppichboden und der endlich einsatzbereiten Heizung. Die kalte Dusche kommt mit der Rechnung ... – In Marions Fall ist es zwar nur eine „Kleinigkeit", die nicht stimmt. Doch handelt es sich um nicht nachvollziehbare oder erkennbar falsche Rechnungen, sollten sie in jedem Fall überprüft und gegebenenfalls reklamiert werden.

Ihr Erfolg in einem Reklamationsgespräch hängt im Wesentlichen von zwei Faktoren ab:

- Je besser Sie über Ihre Möglichkeiten und Rechte als Kundin informiert sind und
- je klarer Sie bereits bei der Auftragsvergabe Ihre Vereinbarungen getroffen haben,

umso bessere Karten haben Sie bei der Reklamation.

Für die Vorbereitung und das Führen von Reklamationsgesprächen gilt: Sammeln Sie zuerst Informationen rund um Ihren Fall! In diesem Kapitel werden Sie deshalb zunächst etwas über die Rahmenbedingungen zu Reklamationsgesprächen erfahren. Sie geben Hinweise darauf, wonach Sie sich erkundigen und fragen sollten. Erst im zweiten Schritt geht es dann in diesem Kapitel um die Gesprächsführung.

Informationen sichern – Das Hintergrundwissen zu Reklamationsvorgängen

Was wird reklamiert?

Unterscheiden Sie bei einer Reklamation zwei Fälle:

- Die Arbeit ist vollständig und zu Ihrer Zufriedenheit ausgeführt worden, und die Rechnung wird falsch gestellt, wie in Marions Fall.
- Die Rechnung kommt, und die Leistung ist (noch) nicht oder nur fehlerhaft erbracht.

Wir schauen zuerst auf den Fall, dass die Dienstleistung erbracht und nicht korrekt abgerechnet wurde.

Fall 1: Sie reklamieren die Rechnung

Haben Sie keine detaillierte Rechnung erhalten? Dann lassen Sie sich eine zweite Rechnung geben, in der die Leistungen und Kosten im Einzelnen aufgeführt sind und der Sie entnehmen können, wie sich der Gesamtbetrag zusammensetzt. Manchmal sind auch die Bezeichnungen der Positionen ungenau und pauschal. Was bedeutet „Wochenendzuschlag“? Ist so etwas üblich? Was für „Kleinteile“ wurden verwendet, für die Sie nun 30 € bezahlen sollen? Wer nicht versteht, was die Einzelposten zu bedeuten haben, sollte zunächst in der Kundenzentrale des Betriebes anrufen und um Erläuterung bitten. Erst dann können Sie nämlich überprüfen, ob einzelne Posten auch rechtmäßig auf der Rechnung stehen oder nicht.

Was Sie prüfen sollten

Zum Beispiel die *Arbeitszeit*: Hier darf nur die Zeit abgerechnet werden, die der Handwerker tatsächlich bei Ihnen gearbeitet hat. Rundet der Handwerker seine Arbeitszeit auf die nächsten fünf oder zehn Minuten auf, so ist das in Ordnung. In Marions Fall wurden aus fünf Minuten eine halbe Stunde gemacht – hier sollte sie nachhaken und widersprechen.

Der Stundensatz für das Zurücklegen der Wegstrecke sollte niedriger als der Stundenarbeitslohn sein. In Marions Fall war die *Wegezeit* um ca. zehn Prozent preisgünstiger als der Stundenlohn und damit tolerabel.

Kennen Sie die Länge einer Wegstrecke und die Fahrtdauer nicht aus eigener Erfahrung? Dann können Sie sie über einen Routenplaner auf CD-ROM oder im Internet nachprüfen. Fragen Sie im Betrieb nach, ob der Handwerker am selben Tag mehrere Kundenbesuche in der Gegend gemacht hat. Kam er gerade von einem Kunden oder ist er von Ihnen aus zum nächsten weitergefahren, dann zahlen Sie die *Fahrtkosten* und Wegezeit nur anteilig.

Für pauschale Bezeichnungen wie „Kleinteile“ verlangen Sie eine *Aufschlüsselung*, falls Ihnen der Betrag zu hoch erscheint. Das verwendete Material sollte möglichst einzeln auf der Rechnung erscheinen. Sie bezahlen selbstverständlich nur das, was tatsächlich eingesetzt wurde.

Falls Sie im *Zweifel* sind, ob bestimmte Posten auf einer Rechnung überhaupt erscheinen dürfen oder wenn Sie sich fragen, ob die Höhe des Arbeitslohnes *üblich* ist, dann wenden Sie sich am besten an die ortsansässige *Handwerkskammer*, die Ihnen Vergleichswerte und übliche Preise nennen kann.

Tipp:

Wenn Sie an der Richtigkeit einer Rechnung zweifeln, dann zahlen Sie die Rechnung mit dem Vermerk „unter Vorbehalt". So sichern Sie sich die Möglichkeit, zuviel gezahltes Geld später zurückzufordern und geraten andererseits nicht in Verzug.

Fall 2: Sie reklamieren die handwerkliche Leistung

Wenn Sie Mängel entdecken, nachdem der Handwerker gegangen ist – das Rohr tropft immer noch, die Spülmaschine macht plötzlich neue seltsame Geräusche – dann nehmen Sie die Sache nicht in Gebrauch und reklamieren umgehend. Je schneller Sie das tun, umso besser. Bezahlen Sie vorerst nicht, denn sonst gilt die handwerkliche Leistung als „abgenommen", und es wird aufwändiger, Ihren Anspruch geltend zu machen. Wurde die Arbeit nicht zu Ihrer Zufriedenheit erledigt, dann rufen Sie bei dem Betrieb an, reklamieren und vereinbaren einen neuen Termin innerhalb einer bestimmten Frist. Wenn der Handwerker übrigens nach einem *Reparaturversuch* erfolglos wieder geht, brauchen Sie auch nichts zu bezahlen. Kein Erfolg – keine Rechnung.

Wenn Sie nach der Abnahme reklamieren

Sie haben die Reparatur bereits bezahlt und einige Zeit später fällt Ihnen auf, dass die Sache doch noch nicht in Ordnung ist? Reklamieren Sie in solch einem Fall besser schriftlich, am besten per Einschreiben. Wichtig ist auch hier, dass Sie die seit Anfang 2002 geltenden Reklamationsfristen beachten[14]. Nennen Sie in

---

[14] Die Verbraucherzentrale hat 2002 einen aktualisierten Ratgeber „Handwerker und Kundendienste" herausgegeben, in dem Sie Ihre Handlungsmöglichkeiten und Rechte als Kundin genauer nachlesen können Sie finden darin auch Musterbriefe für die schriftliche Reklamation. Verbraucherzentrale NRW e.V. (Hrsg.) „Handwerker und Kundendienste", S. 37ff.

Ihrem Brief, was Sie beanstanden, und setzen Sie dem Handwerker (oder seinem Betrieb) eine Frist zwischen einigen Tagen und zwei Wochen, innerhalb derer er den Mangel beseitigen kann. Sie fordern ihn damit zur so genannten „Nacherfüllung“ auf. Kündigen Sie auch an, was Sie tun werden, wenn der Mangel nicht behoben wird. Der Handwerker hat ein Recht darauf, seine Arbeit selbst zu korrigieren. Erst wenn diese angekündigte Frist ohne Ergebnis verstrichen ist, können Sie auf seine Kosten weitere Maßnahmen ergreifen.

Erstens steht es Ihnen frei, kleinere Mängel in „Selbstvornahme“ zu beheben, d. h. sie selbst zu beseitigen. Zweitens können Sie einen anderen Betrieb beauftragen. In beiden Fällen stellen Sie die Ihnen entstandenen Kosten dem ersten Handerker in Rechnung. Drittens können Sie auch vom Vertrag zurücktreten – das bedeutet, dass jede Vertragspartei zurückfordern kann, was sie an Material bzw. Geld bereits eingesetzt hat. Und viertens gibt es noch die Möglichkeit der „Minderung“, das heißt, Sie bezahlen weniger. Wem durch Pfusch Folgeschäden entstanden sind, kann im Zusammenhang mit einer Reklamation auch Schadensersatz gefordert werden.

Vorsorge treffen ist besser als das Nachsehen haben ...

Schon bei der Auftragsvergabe haben Sie Einfluss auf den Erfolg eines möglicherweise notwendigen Reklamationsgesprächs! Strategische Vorteile für eine mögliche Reklamation schaffen Sie sich folgendermaßen:

Tipp:

Lassen Sie sich einen detaillierten Kostenvoranschlag geben.

Fragen Sie Ihren Gesprächspartner, der den Auftrag annimmt, wie viel die Ausführung eines Auftrags kosten wird und wie sich der Endbetrag zusammensetzt. Ein schriftlicher Kostenvoranschlag schafft Verbindlichkeit und Sie erhalten daraus wichtige

Informationen über Abrechnungsmodalitäten. – Holen Sie sich auch Angebote von Mitbewerbern zum Vergleich, bevor Sie den Auftrag vergeben. Lesen Sie den Vertragsentwurf genau durch und lassen Sie sich unverständliche Fachbegriffe und Sätze erläutern. Auch hier gilt: Wenn Sie sich unsicher sind, ob eine Vertragsklausel üblich ist (z. B. Vorauszahlungen, Pauschalbeträge oder Zuschläge), dann informieren Sie sich bei der Handwerkskammer. Auch die Verbraucherzentrale kann Ihnen weiterhelfen.

Tipp:
Halten Sie mündliche Absprachen schriftlich fest.

Dazu gehören z. B. während eines Telefongesprächs gegebene Informationen und Zusagen. Notieren Sie

- den Namen Ihres Gesprächspartners,
- das Datum und den Zeitpunkt Ihres Gesprächs,
- den Grund und Inhalt des Gesprächs, und
- mit welchem Ergebnis Sie es beendet haben.

So können Sie auch später im Einzelnen nachvollziehen, unter welchen Bedingungen der Auftrag zustande kam. Falls Sie über die Zentrale vermittelt wurden, fragen Sie auch nach der direkten Durchwahl zu Ihrem Gesprächspartner, damit Sie ihn bei Rückfragen leichter wieder finden.

Möchten Sie für Ihre mündlichen Absprachen mehr Verbindlichkeit herstellen? Dann schicken Sie Ihre Gesprächsnotiz zur Kenntnisnahme per Fax, Post oder Mail an Ihren Gesprächspartner oder bitten Sie ihn um eine schriftliche Bestätigung Ihrer mündlichen Vereinbarungen.

Tipp:
Keine Auftragsvergabe ohne geklärte Konditionen – auch nicht unter Zeitdruck.

Eine kurze mündliche Absprache über die Kosten sollten Sie auch dann treffen, wenn Sie unter Zeitdruck sind, beispielsweise wenn Sie einen Notdienst anrufen, weil Ihnen die Tür zugefallen ist. Notieren Sie den Namen Ihres Gesprächspartners, die Auskünfte, die Sie bekommen haben und auch die vollständige Anschrift des beauftragten Unternehmens. Wird Ihnen hier eine konkrete, verbindliche Auskunft vorenthalten, dann gilt: besser die Finger weg!

Wie Sie bei Beanstandungen vorgehen – Das Führen eines Reklamationsgesprächs

Die Vorbereitung auf das Gespräch

- Stellen Sie zunächst die Tatsachen fest: Was ist bisher im Zusammenhang mit dem Auftrag an den Handwerker geschehen? Was war vereinbart, und was ist der gegenwärtige Zustand? Welche Beweise können Sie vorlegen (Notizen, Fotos), so dass Ihre Position nachvollziehbar und glaubwürdig wird?
- Finden Sie heraus, an wen Sie Ihre Reklamation am besten richten. Haben Sie noch den Namen und die Telefonnummer der Person, die den Auftrag angenommen hat?
- Überlegen Sie sich Ihr Ziel für das Gespräch. Wollen Sie Informationen und Aufklärung? Wollen Sie dem Handwerker eine Frist setzen, bis wann der Mangel behoben ist? Oder ist die Frist schon fast abgelaufen und Sie wollen die weiteren Schritte nach Ablauf der Frist bekannt geben?
- Legen Sie sich Stift und Papier zum Mitschreiben bereit.

Leitfaden zum Reklamationsgespräch

Zu Beginn: Nennen Sie Ihren **Namen** laut und deutlich und sagen Sie, was Ihr **Anliegen** ist.
„Guten Tag, ich bin Marion Schneider, es geht um Ihre Rechnung vom 17. Februar."

Prüfen Sie, ob Sie mit der **zuständigen Person** verbunden sind: „Mit wem kann ich darüber sprechen?" Lassen Sie sich gegebenenfalls weiterverbinden. **Notieren** Sie sich den Namen der Ansprechpartnerin.

Im Gespräch: **Problem sachlich darlegen**: Beschreiben Sie den Auftrag und die tatsächliche Leistung, bzw. die tatsächliche und berechnete Leistung.
Eigene Sachinformationen geben, Beweise benennen. Auch hier gilt: **Keine Vermutungen. Keine Interpretationen. Keine Beschuldigungen.**

Stellungnahme des/der Gesprächspartner/in erbitten. „Ich frage mich, wie das sein kann." Oder: „Was schlagen Sie jetzt vor?" Hören Sie zu, was Ihre Gesprächspartnerin tun will.

Lösungsmöglichkeiten besprechen. Welche Lösungen sind denkbar? Welche bevorzugen Sie? Machen Sie selbst Vorschläge, wie das Problem behoben werden kann.

Falls es Schwierigkeiten gibt: **Verständnis für** die sachlichen **Folgen wecken**. Was werden Sie tun, falls der Betrieb sich weigert, den Schaden in angemessener Form oder Zeit zu beheben?

Zum Schluss: **Konkrete Vereinbarungen** treffen.
Fragen Sie konkret nach den **nächsten Schritten**:
„Was unternehmen Sie jetzt?"
„Bis wann kann ich damit rechnen?"

	Fassen Sie am Ende des Gesprächs Ihre Vereinbarungen **zusammen**. Schaffen Sie einen positiven Ausklang, z. B. indem Sie sich für das Gespräch bedanken.
Danach:	**Gesprächsnotizen** vervollständigen.

Machen Sie sich auch während des Gesprächs Notizen. Und erwähnen Sie, dass Sie das tun! „Einen kleinen Moment, ich schreibe mir gerade auf, was Sie mir sagen“: Mit so einem Satz gewinnen Sie nicht nur Zeit zum Schreiben. Ihre Gesprächspartnerin bekommt dadurch außerdem signalisiert, dass ihre Aussagen bindend sind.

Sprechen Sie Ihre Gesprächspartnerin mit Namen an; das hebt die Anonymität auf und schafft persönlichen, verbindlichen Kontakt. Ihnen wird rascher geholfen, wenn Sie bei Ihrer Beanstandung höflich bleiben. Mit wütenden Anrufern haben die Mitarbeiter und Mitarbeiterinnen im Kundenservice oft genug zu tun, und da fällt Ihr freundlicher Ton positiv ins Gewicht.

Wie Marion die überhöhte Rechnung reklamiert

Marion legt sich ihre Gesprächsnotiz von der Auftragsvergabe zurecht. Darauf steht:

Tel. mit Frau Groß, Firma M. am 30. Januar wg. Heizkostenverteiler, Tel. Nr. 0711-654321-0
→ Herr Winter kommt am 5. 2. um ca. 16 Uhr.
→ Kosten: 6,40 € Verteiler, Fahrt, Arbeitszeit und Wegezeit (ca. 30 € pro Stunde)

Marion wählt, es klingelt. Eine weibliche Stimme meldet sich: „Guten Tag, Firma M. Sie sprechen mit Ursula Groß.“

Marion: Guten Tag, hier ist Marion Schneider, ich rufe an, weil ich Fragen zu einer Rechung habe.
Groß: Geben Sie mir bitte die Rechnungsnummer, Frau Schneider?
Marion nennt die Rechnungsnummer
Groß: Einen kleinen Moment, ich rufe sie auf... so, da ist sie. Sie haben dazu eine Frage?

Marion: Ja. Am 5.2. um 15.45 Uhr war Herr Winter bei uns, um den Heizkostenverteiler im Keller anzubringen. Das klappte auch sehr gut und schnell. Nun bekam ich gestern die Rechnung und bin nicht einverstanden mit der Arbeitzeit, die berechnet wurde. Auch die Fahrtkosten sind meiner Meinung nach zu hoch.

Groß: Auf der Rechnung sind 30 Minuten Arbeitszeit angegeben.

Marion: Ja, und dabei waren es nur 5 Minuten. Ich weiß das, weil ich parallel dazu ein kurzes Telefonat führte. Mit maximal 15 Minuten bin ich einverstanden, aber nicht mit 30 Minuten. – Der Herr Winter kommt aus unserem Nachbarort O.?

Groß: Ja.

Marion: Ich selbst bin von hier aus in sieben Minuten dort. Also, ich bin mit der Hälfte der berechneten Wegezeit einverstanden, d.h. insgesamt mit 20 Minuten. 40 Minuten sind eindeutig zu viel.

Groß: Ich verstehe, wir werden dem nachgehen. Sie brauchen die Rechnung vorerst nicht zu bezahlen.

Marion: Frau Groß, ich habe noch eine andere Frage: Was sind bitte die Kleinteile, die auf der Rechnung pauschal mit 2,50 € abgerechnet wurden?

Groß: Das sind die Teile, die zur Montage gebraucht werden, Schweißbolzen, Schrauben, die sieht man hinterher nicht mehr.

Marion: Und wie geht es jetzt weiter?

Groß: Wir werden den Handwerker anschreiben und um eine Stellungnahme bitten. Das kann ein bis zwei Wochen dauern. Sie brauchen, wie gesagt, erst mal noch nichts zu überweisen. Gegebenenfalls wird Ihnen eine neue Rechnung zugeschickt.

Marion: Also Sie überprüfen die Arbeitszeit, die Wegezeit und die Fahrtkosten.

Groß: Ja.

Marion: Dann vielen Dank, Frau Groß.

Groß: Gerne.

Marion: Wiederhören.

Groß: Auf Wiederhören, Frau Schneider.

Marion hat sich das Gesprächsergebnis notiert. Nach knapp zwei Wochen hat sie noch keine Nachricht. Sie ruft Frau Groß nochmals an. Die bestätigt ihr, dass Herr Winter zu einer Stellungsnahme aufgefordert wurde, aber noch keine Antwort von ihm kam. Sie werde sich noch einmal darum kümmern.

Wenige Tage später trifft eine zweite Rechnung ein. Die Einzelbeträge wurden nach Marions Wunsch korrigiert, und der Gesamtbetrag ist nur noch halb so hoch wie auf der ersten Rechnung. Außerdem erhält Marion eine formelle Gutschrift, die die erste Rechnung aufhebt.

Weitere Hürden nehmen

Ihr Ansprechpartner scheint nicht kompetent zu sein

Wenn Sie merken, dass Ihre Ansprechpartnerin nicht kompetent ist, bleiben Sie freundlich. Vergewissern Sie sich noch einmal, welche Informationen verbindlich sind. Bitten Sie dann um den Kontakt zu einer weiteren Gesprächspartnerin.

Mitarbeiterin: ... ich glaube, die Fahrtzeit und die Wegezeit, das ist das Gleiche ...
Kundin: Also, ich möchte gerne in dieser Sache noch mit jemand anderem sprechen. Vielen Dank schon einmal für Ihre Hilfe – wissen Sie, wer mir in dieser speziellen Sache weiterhelfen kann?
Mitarbeiterin: Ich kann mich gerne für Sie erkundigen.
Kundin: Danke, das ist freundlich. Falls ich Bedarf habe – an welche Ihrer Mitarbeiterinnen kann ich mich noch wenden?
Mitarbeiterin: Da ist noch die Frau Beyer, die können Sie fragen ...
Kundin: Wann ist sie erreichbar und wie?

Sie haben den Namen Ihres Gesprächspartners nicht notiert und vergessen

Sie haben mit Ihrem Kundenberater eine Sonderlösung vereinbart, haben sich aber seine Telefonnummer nicht aufgeschrieben und den Namen vergessen? Rufen Sie in der Firma an und fragen Sie, wer am betreffenden Tag und Ort für die Kundenberatung zuständig war. Vielleicht gibt es mehrere Personen. Lassen Sie sich Namen und Telefonnummer geben sowie die Zeiten der besten Erreichbarkeit.

Nun telefonieren Sie die genannten Personen an. Vielleicht erinnern Sie sich ja gleich an die Stimme, wenn Sie sie hören.

Ansonsten stellen Sie sich kurz namentlich vor und nennen Ihr Anliegen: „Ich suche nach meinem Gesprächspartner vom ..." und sagen Sie den Zeitpunkt. Schaffen Sie angenehme Erinnerungshilfen. Zum Beispiel begründen Sie die Suche nach Ihrem Gesprächspartner mit einer freundlichen Rückmeldung: „Es ging um die Frage, wie ... und er hat mich dazu sehr ausführlich und freundlich beraten." Falls sich der Kundenberater nun erinnert, haben Sie den Namen zu Ihren Gesprächsnotizen gefunden und können sich auf die Vereinbarungen berufen.

Die Gesprächspartnerin vertritt eine andere Version Ihrer Geschichte

Wenn Ihre Sichtweise und die Ihrer Gesprächspartnerin sich stark voneinander unterscheiden, dann vergleichen Sie zunächst die vorliegenden Fakten. Hier kommen schriftliche Notizen, Angebotsformulierungen, Bilder, Fotos, Sachzusammenhänge und logische Argumente ins Spiel, die die jeweilige Sicht beweisen sollen. Stellen Sie fest, worin Sie übereinstimmen und wo Ihre Versionen voneinander abweichen: „Ich sehe, wir haben da unterschiedliche Erinnerungen an dieselbe Situation ..." Fragen Sie nach den Lösungsmöglichkeiten: „Wie können wir klären, was unsere Vereinbarung nun tatsächlich war?" – Und noch viel wichtiger: Überlegen Sie laut, was Sie miteinander erreichen wollen. „Wie können wir die Sache möglichst schnell und unaufwändig bereinigen?" Es geht nicht darum, einen „Schuldigen" zu finden oder festzustellen, wer Recht hat. Fakt ist, dass die Situation unklar ist – und dass Sie gemeinsam damit umgehen wollen.

Sie geraten an einen unfreundlichen Gesprächspartner

Wer weiß, wessen Tag auf dem falschen Fuß begonnen hat – wenn's im Gespräch unangenehm wird, heißt es: Tempo raus und Ruhe bewahren. Sie sind auf der sicheren Seite, wenn Sie sich durch einen barschen Ton, Killerphrasen und unfreundliche Antworten nicht provozieren lassen. Erinnern Sie sich selbst und den Gesprächspartner an Ihr Gesprächsziel: „Herr Merck, mir kommt es im Moment darauf an, die Sache in Ruhe zu klären und eine Lösung dafür zu finden." Fordern Sie ihn deutlich auf, Ihnen die gewünschten Informationen zu geben: „Ich hätte gerne von Ihnen eine Aussage, bis wann Sie die Reparatur vollständig durchführen." Geben Sie ihm Rückmeldung darüber, wie Sie sein Verhalten wahrnehmen, und was Sie sich wünschen: „Herr Merck, Sie sind der Fachmann. Ich höre mir gerne an, was Sie sagen, wenn das in einem freundlicheren Ton geschieht." Oder: „Herr Merck, ich möchte diese zwei Fragen beantwortet haben, bitte lassen Sie mich dazu ausreden." Ändert sich auch dadurch am Verhalten Ihres Gesprächspartners nichts, fragen Sie nach einem anderen Ansprechpartner.

Eine weitere Möglichkeit besteht darin, die Reklamation schriftlich zu verfassen und auf den Postweg zu schicken. Darin kündigen Sie an, dass Sie sich telefonisch melden werden und was Ihr Gesprächsziel ist. So können sich Ihre Ansprechpartner vorbereiten. Wie Sie direkt auf unfreundliche, kritische oder beleidigende Äußerungen reagieren, können Sie nachlesen im Kapitel 2.

Übung

Die Art, wie Sie reklamieren, spielt auch eine Rolle für den Erfolg Ihres Gesprächs. Formulieren Sie die folgenden Reklamationen positiver und lösungsorientiert:

a. Ich verlange, dass Sie die Verkleidung bis morgen Mittag anbringen. Sonst werde ich nächstes Mal einen anderen Handwerksbetrieb beauftragen!

b. Sie haben für die Lehrlinge den gleichen Stundensatz abgerechnet wie für die Meister! Ich zahle keinen Pfennig, bis Sie das nicht berichtigt haben!

Kapitel 9

Manche Mühlen mahlen langsam...

Wie Sie die Kommunikation mit behördenähnlichen Unternehmen organisieren

4. März 2003
Dieses Jahr haben Jürgen und ich auf ein günstigeres privates Girokonto gewechselt. Außerdem haben wir dazu gleich eine Kreditkarte für unseren Urlaub im Sommer beantragt. Wenn ich gewusst hätte, was das für ein Drama wird...

1. Akt: Wir ließen uns bei der C&P-Bank von einem sehr netten Herrn Mirbach beraten. Er füllte beide Antragsformulare für uns aus, und eine Woche später kamen dann schon die Unterlagen und die neue Karte für das Girokonto – mit getrennter Post. Allerdings war beide Male unsere Adresse falsch geschrieben. Außerdem wollte die Bank wissen, was Jürgen als Kontoinhaber verdient. Davon hinge es ab, ob sie ihm einen Dispo-Kredit einräumen könnten.

2. Akt: Ich ging also wieder zu unserer Bankfiliale und stellte die Adresse richtig. Ich fragte gleich noch nach der Visa-Karte. Herr Mirbach versprach, sich darum zu kümmern. Die Einkommensnachweise ließ ich als Kopien da.

3. Akt: Eine Woche später bekam ich von der Zentrale der C&P-Bank in M. die Nachricht, dass Jürgen, auf dessen Name das Konto läuft, keinen Dispokredit bekommt, weil er als Selbständiger das Konto vier Monate haben und außerdem sein Einkommen nachweisen müsse. Die Einkommensnachweise hatte ich doch schon eingereicht! Und bei der Beratung mit Herrn Mirbach schien der Kreditrahmen kein Problem zu sein. Ich rief also in der Kundenzentrale an, von der ich den Bescheid bekommen hatte. Die Sachbearbeiterin dort sagte, sie habe keine EK-Nachweise vorliegen, vielleicht seien die in der Zentrale in München. Da müsse ich bei meinem Berater nachfragen. Ansonsten wiederholte sie bloß die Kriterien, die ich inzwischen schon kannte. Wegen der Visa-Karte fragte ich auch nach, da sagte sie, das sei etwas anderes, das habe nichts mit dem Kreditrahmen zu tun.

4. Akt: Ich wanderte also wieder zu unserer Filiale, wartete in dem Beratungsraum, und keiner war da. Nach fünf Minuten kam eine unfreundlich aussehende Frau herein und „pfiff" mich geradezu raus: Sie sei am vorderen Tisch, und wenn diese Tür geschlossen sei, dann solle ich da bitteschön nicht rein gehen. Ich sagte, die Tür sei halb offen gewesen und sie könne mir das doch auch in einem freundlicheren Ton sagen. Ich setzte mich also nach draußen vor ihren Tisch, und sie war ab da freundlicher. Ich erzählte von den verschwundenen Einkommensnachweisen, und sie rief auch gleich in der Zentrale an; dort war zunächst besetzt. Ein anderer Kunde kam und wollte eine Auskunft, sie ließ ihn dazwischen. – Als sie schließlich in der Zentrale jemanden erreicht hatte, erzählte sie mir genau das, was ich am selben Tag vormittags schon am Telefon zu hören bekommen hatte. Mit dem Unterschied, dass jetzt wohl doch die Kriterien für die Vergabe eines Dispo-Kredits und einer Visa-Karte die gleichen waren. Sie versprach, meinen Berater Herr Mirbach zu informieren, und dass ich am nächsten Vormittag angerufen würde, zwischen 9 und 10 Uhr. Ich regte mich darüber auf, dass so persönliche Unterlagen wie EK-Nachweise einfach so „verloren" gingen, und wollte jetzt dringend wissen, wo die verblieben waren.

5. Akt: Der Anruf kam am nächsten Tag natürlich nicht. Ich beschloss, selbst anzurufen, und fand im Telefonbuch wieder nur die zentrale Telefonnummer für den bundesweiten Kundendienst! Unsere örtliche Bankfiliale hat keine direkte Telefonnummer zu ihrem Berater veröffentlicht. Also wählte ich wieder die Zentrale an. Das hätte ich nicht machen sollen. Die Frau dort wusste nicht Bescheid, sagte, sie würde die Angelegenheit an die zuständige Stelle weiterleiten. Ich fragte nach, wer denn zuständig sei. Das wusste sie dann auch nicht, bat mich zu warten, sie würde fragen. Ich saß zwei Minuten in der Leitung mit Dudelmusik, dann war die Leitung plötzlich tot. –

Ich hätte am liebsten das Telefon auf den Boden geschmissen und war schon drauf und dran, das Konto wieder zu kündigen. Aber was für ein Aufwand, nochmals alle darüber zu informieren, dass sich unsere Kontoverbindung schon wieder ändert!?

Dieses Kapitel handelt von der Kommunikation mit Unternehmen oder Institutionen, die behördenartige Organisationsstrukturen aufweisen. Mit „behördenartig" meine ich eine wenig flexible Haltung, die von einem großen Machtungleichgewicht zwischen Unternehmen und Einzelperson herrührt. Dazu zähle ich einige Ämter, aber auch die schwerfälligeren, wenig kundenorientierten Bereiche einiger Dienstleistungsunternehmen.

Die Rahmenbedingungen für persönliche Gespräche und individuelle Lösungen sind in großen Organisationsstrukturen denkbar ungünstig. Mitarbeiter und Kunden bekommen nur Ausschnitte des Ganzen zu sehen. Für eine unüberschaubare Menge an Menschen werden bei einer Behörde oder Bank, einer Verwaltung oder Versicherung landesweit Informationen verarbeitet. Jeder Vorgang wird dokumentiert und mit standardisierten Arbeitsschritten abgeglichen. Die Reaktionszeiten verlängern sich.

Unterschiedliche Reaktionszeiten

Marion erlebt, wie die Kommunikation mit ihrer Bank bei der Kontoeröffnung zu einer zähen Angelegenheit wird. Während bei dem Unternehmen die Vorgänge Schritt für Schritt eingeleitet werden, Anfragen dokumentiert, Fehler gesucht und die zuständigen Personen oder Abteilungen kontaktiert werden, hat Marion den dringlichen Wunsch zu wissen, wo ihre Einkommensnachweise geblieben sind. Sie sorgt sich, dass ihre Dokumente, die unter den Datenschutz fallen, an der falschen Stelle gelandet sein könnten. Sie versucht so schnell wie möglich, weitere Dinge in Erfahrung zu bringen und nutzt dazu ihre Kommunikationsmöglichkeiten. Als ihr Berater vor Ort nicht zur Verfügung steht, ruft sie in der überregionalen Kundenzentrale an. Sie erreicht Call-Center-Mitarbeiterinnen, die in verschiedenen Büros über Deutschland verteilt sind, und denen Sie ihr Anliegen jeweils aufs Neue erklärt. Dabei verstrickt sie sich im Netz unterschiedlicher Ansprechpartnerinnen, von denen die eine nicht weiß, was die andere kurz zuvor in die Wege geleitet hat.

Mit dem Tempo der Verwaltungsvorgänge gehen

Eine schnelle Bearbeitung ist gerade dann wünschenswert, wenn es um die Aufklärung von Fehlern und das Auffinden von verschwundenen Informationen im Unternehmen geht. Doch dazu braucht eine Einrichtung, die im Bereich Kundenbetreuung nicht gerade einen hervorragenden Service bietet, mehr Zeit als für standardisierte Arbeitsabläufe. Stellen Sie sich auf überdurchschnittliche Bearbeitungszeiten ein – und freuen Sie sich, wenn es schneller geht als erwartet.

Ihr persönlicher Ansprechpartner

Eine Mitarbeiterin, die Sie mit Namen kennt und die sich persönlich um Ihre Angelegenheit kümmert, ist in dieser Situation Ihre Verbündete. Ihre persönliche Beraterin führt Sie durch das Dickicht der Verwaltungsvorgänge. Sie kann Sie über aktuelle Vorgänge auf dem Laufenden halten. Mit ihr können Sie weitere Handlungsmöglichkeiten besprechen.

Tipp:

Bleiben Sie bei schwierigen Vorgängen möglichst beim gleichen Ansprechpartner oder Kundenberater. Lassen Sie sich seine oder ihre persönliche Durchwahl geben und fragen Sie, wann Ihr Kundenberater erreichbar ist. Geben Sie ihm auch Ihre eigene Telefonnummer mit den Zeiten, zu denen Sie zu erreichen sind. So kann er Sie informieren, falls z.B. bei einem vereinbarten Termin etwas dazwischen kommt. Und Sie vermeiden unnötige Wege.

Haben Sie ein Antragsverfahren laufen, führen dazu mehrere Gespräche und verfassen verschiedene Schriftstücke? Dann sollen Ihnen folgende Hinweise helfen, den Überblick und die Fäden in der Hand zu behalten.

Kommunikation mit großen Dienstleistern und Behörden

Nachvollziehbarkeit schriftlich sichern

Dokumentieren Sie sämtliche Vorgänge. Notieren Sie sich zu allen Gesprächen Datum, Namen des Gesprächspartners und die Informationen, die Sie bekommen. Fragen Sie nach den Gründen für Entscheidungen oder Änderungen und dokumentieren Sie diese ebenfalls. So behalten Sie zumindest über Ihre Seite der Vorgänge den Überblick und sichern sich darin eine gewisse Unabhängigkeit: Sie können nachvollziehen, wer wann welche Auskünfte gegeben hat.

Originaldokumente brauchen Sie selbst; behalten Sie sie bei sich. Reichen Sie nur Kopien ein, die Sie bei Bedarf auch beglaubigen lassen können.

Die Gesprächsbedingungen verbessern

Wer „in der Warteschlange steht" oder im Wartezimmer sitzt, verliert oft viel Zeit. Man hat kaum Einfluss darauf, wann die Personen vor einem mit dem Gespräch fertig sind. Um die Wartezeit zu verkürzen, vereinbaren Sie Gesprächstermine telefonisch. Wenn Sie wenig Zeit haben, weil Sie arbeiten oder Kinder beaufsichtigen, teilen Sie das auf jeden Fall mit und finden Sie mit dem Kundenberater eine passende Lösung.

Bei für Sie schwierigen Gesprächen lassen Sie sich von einer zweiten Person begleiten. Die zweite Person stellt Öffentlichkeit her, das heißt, alle Aussagen werden bei Anwesenheit eines Zeugen gemacht. Eine zweite Person denkt mit und unterstützt Sie in der Gesprächsführung und bei Formulierungen, je nachdem, wie Sie das mit ihr vorher abgesprochen haben. Eine Begleiterin oder ein Begleiter hilft Ihnen auch, das Gespräch im Nachhinein nochmals zu reflektieren.

Fristen und Termine beachten und setzen

Termine und Fristen sind eine wichtige Orientierungsmöglichkeit für Ihre Kontaktpersonen und für Sie als Antragstellerin.

Tipp:

Beachten Sie die Fristen z. B. für Reklamationen oder für einen Einspruch bzw. Widerspruch. Schicken Sie an Fristen gebundene schriftliche Antworten per Einschreiben. Sie können ein wichtiges Schreiben auch persönlich vorbeibringen. Lassen Sie sich in diesem Fall eine Kopie des Eingangsstempels geben.

Auch Sie können Fristen nutzen, um eine Antwort zu bekommen. Setzen Sie dem Dienstleistungsunternehmen eine Frist zur Erledigung Ihres Antrags und teilen Sie schriftlich mit, wie Sie nach Verlauf der Frist weiter vorgehen werden.

Alternativen finden

Gleichzeitig überlegen Sie, wie Sie sich unabhängig von der Behörde oder dem Dienstleistungsunternehmen machen, mit dem Sie gerade „kämpfen“ und wie Sie Ihr Interesse anders verfolgen können.

Marion hat einen Urlaub vor sich und braucht dafür eine international gültige Kreditkarte. Doch sie braucht sie nicht über diese Bank zu bestellen. Am besten informiert sie sich rechtzeitig über Angebote von Mitbewerbern. Je nach Urlaubsland gibt es auch ohne Kreditkarte gute Möglichkeiten, an Geld zu kommen, z. B. kann sie Traveller-Cheques mitnehmen.

Gespräche am Telefon

Marion war noch einmal bei Herrn Mirbach, der schließlich herausfand, an welche Stelle der bundesweit organisierten Bank ihre Unterlagen weitergereicht wurden. Für das Einräumen des Dispokredits musste die Wartezeit eingehalten werden – hier hatte der Berater zu viel versprochen. Die Visa-Karte wurde neu beantragt. Als Marion nach zwei Wochen noch nichts gehört hatte, rief sie noch einmal in der Kundenzentrale an.

> ***Sachbearbeiterin***: Guten Tag, Sie sprechen mit Sabine Enz, was kann ich für Sie tun?
> ***Marion***: Guten Tag, ich bin Marion Schneider. Es geht um eine Visa-Karte, die ich vor zwei Wochen beantragt habe. Die ist bis heute noch nicht eingetroffen.
> ***Enz***: Geben Sie mir bitte Ihre Kontonummer?
> *Marion gibt ihr die Kontonummer.*
> ***Enz***: Ich habe hier nichts im Computer verzeichnet wegen einer Visa-Karte.
> ***Marion***: Wie kann das sein? Ich habe sie vor zwei Wochen bei Herrn Mirbach in Ihrer Filiale in O. beantragt.
> ***Enz***: Ich habe, wie gesagt, nichts im Computer, ich leite es weiter.
> ***Marion***: Wo kann ich deswegen noch anrufen?
> ***Enz***: Eigentlich nirgends, wir werden uns darum kümmern.
> ***Marion***: Der Antrag auf diese Karte zieht sich nun schon über einige Wochen hin. Wer ist denn in dieser Angelegenheit zuständig?
> ***Enz***: Unsere Zentrale in München, aber die werden es an uns weitergeben.
> ***Marion***: Gut, dann geben Sie mir bitte die Nummer der Zentrale in München. Bis wann melden Sie sich bei mir?
> ***Enz***: Sobald sich etwas ergibt, das ist frühestens morgen Vormittag.
> ***Marion***: Ich bin übermorgen zwischen 7 und 8 Uhr zu Hause, könnten Sie mich da anrufen?
> ***Enz***: Ja, ich schreibe es mal hier auf.

Marion hatte hinterher das Gefühl, dass die „Chemie nicht stimmte“. Die Sachbearbeiterin war schlecht gelaunt, und auch Marion ärgerte sich erneut darüber, dass es keinen Schritt vorwärts ging.

So können Sie selbst für eine gute Gesprächsatmosphäre und damit für einen positiven Verlauf des Gesprächs sorgen:

- Haben Sie mehrere Telefonate zu erledigen? Beginnen Sie mit einem für Sie leichten Gespräch, um „in Schwung" zu kommen. Ein erstes erfolgreiches Gespräch stimmt Sie positiv.
- Stellen Sie sich Ihren Gesprächspartner als netten Menschen vor. Warum nicht einige freundliche Bemerkungen zu Beginn („Wie geht es Ihnen?" oder „Schön, dass ich Sie so schnell erreiche!")? Das macht das weitere Gespräch sehr viel leichter. Auch am anderen Ende der Leitung befinden sich Menschen, die sich über positive Worte freuen.
- Wichtig ist Ihre Stimme. Sie ersetzt am Telefon Ihre Körpersprache. Lächeln Sie am Telefon!
- Wenn Sie mit Energie reden wollen, dann stellen Sie sich zum Telefonieren hin. So „stehen" Sie auch schwierigere Gesprächsphasen „durch"[15].

Einen guten Kontakt aufbauen

Der Anruf kam wie erwartet nicht. Marion ruft Anfang der darauf folgenden Woche wieder in der Kundenzentrale an. Sie hat sich vorgenommen, ruhig und freundlich zu bleiben. Eine verschnupfte Stimme meldet sich.

Sachbearbeiterin: Guten Tag, C&P-Bank, Marianne Weiland.
Marion: Guten Tag, hier ist Marion Schneider. Sie hat's ja schlimm erwischt, wie ich höre.
Weiland: *(lacht)* Ja, aber die Arbeit will ja trotzdem getan werden ... Hier sind alle ziemlich verschnupft.
Marion: Ich hoffe, es geht bald wieder besser.
Weiland: Danke.
Marion: Ich habe folgendes Anliegen: Ich habe eine Visa-Karte beantragt, und noch keinen Bescheid bekommen. Letzte Woche

[15] Wenn Sie tiefer ins Thema Telefonieren einsteigen wollen, finden Sie dazu mehr bei Schott und Steinke 1999.

versprach eine Kollegin von Ihnen mir einen Rückruf, der kam noch nicht.

Weiland: Geben Sie mir Ihre Kontonummer? Dann schaue ich nach.

Marion: Die lautet ... *(sie nennt ihre Kontonummer)*.

Weiland: ... Moment ... Ja, da haben wir's. Die Karte ist schon verschickt worden.

Marion: Tatsächlich? Bei mir ist noch nichts angekommen. Seit wann?

Weiland: Ich kann mich deswegen erkundigen; das dauert eine Weile. Kann ich Sie zurückrufen?

Marion: Ja, heute Nachmittag bin ich unter folgender Nummer erreichbar ... *(sie gibt die Nummer an)*. Da fällt mir ein: Könnten Sie mal nachsehen, welche Adresse Sie von uns gespeichert haben?

Es stellte sich heraus, dass noch die fehlerhafte Adresse von der Kontoeröffnung im Computer gespeichert war. Sie wurde sofort geändert, und Frau Weiland rief Marion tatsächlich nachmittags an. Auf dem neuen Antrag stand bereits die korrigierte Adresse, so dass sich die Visa-Karte auf dem richtigen Weg befand.

Ein Weg von 1000 Meilen beginnt mit dem ersten Schritt

Eine günstige Ausgangslage für Gespräche und Gesprächsfolgen mit Mitarbeitern in großen Organisationen schaffen Sie sich, wenn Sie ein paar zunächst aufwändige, aber im Falle des Falles hilfreiche Maßnahmen ergreifen:

- Legen Sie gleich zu Beginn jedes Antrags eine Akte an, in der Sie alle Schreiben der Institution, Kopien der eigenen Schreiben und eingereichten Dokumente sowie Telefonnotizen abheften.
- Zu allen Gesprächen notieren Sie sich den Ort, die Zeit, das Datum, den Grund, den Inhalt des Gesprächs und den Namen des Gesprächspartners sowie die Vereinbarungen, die Sie getroffen haben. Heften Sie das in Ihre Akte.

- Auf den Schriftstücken, die Sie erhalten (Zwischen- oder Endbescheide, Benachrichtigungen ...) vermerken Sie, wann Sie sie erhalten haben und wie Sie darauf reagiert haben.
- Falls Sie sehen, dass sich ein Antragsverfahren zu einer zähen Angelegenheit entwickelt, halten Sie nach Alternativen Ausschau. Befristete Übergangslösungen können Ihnen helfen, geduldig zu bleiben. Wie lange wollen Sie das „Spiel“ mitmachen? Lieber ein Ende mit Aufwand als ein Aufwand ohne Ende ... – Den Anbieter zu wechseln ist bei Dienstleistungsunternehmen durch den Wettbewerb leichter als bei Behörden.

Kapitel 10

Das Licht unter dem Scheffel hervorholen

Wie Sie Ihre Leistungen angemessen darstellen und „verkaufen"

20. März 2003
Heute gab's Neuigkeiten: Silke, unsere Gruppenleiterin, wird zum 31. Juli die Firma verlassen! Sie geht mit ihrem Mann nach Hamburg und bewirbt sich gerade bei D. Das bedeutet, die Stelle wird frei! Ich habe mich also heute gleich bei Herrn Vollhardt erkundigt, ob die Stelle intern neu besetzt wird, und er hat zurückgefragt, ob ich Interesse habe. Ich sagte spontan Ja, und er sagte dann, dass er mit mir dann gerne nächste Woche ein Gespräch darüber führen will. Ich glaube, auch Kerstin würde gerne unsere neue Gruppenleiterin. Aber ich bin schon drei Jahre länger dabei, und außerdem habe ich Silke schon mal für sechs Wochen vertreten, als sie den Unfall hatte. Eine Gehaltszulage, die es dann bestimmt auch gibt, könnte ich übrigens gut gebrauchen, der Umbau hat einiges mehr gekostet als geplant.

Ich frage mich, was ich Herrn Vollhardt erzählen soll. Alles nach dem Motto: „Ich bin die Beste, weil ..." klingt stark nach Eigenlob: „Ich kann ... ich habe schon das und das gemacht, ich weiß besonders gut, wie ... und bin überhaupt viel kompetenter als Kerstin ..." Das wäre ihr gegenüber nicht fair. Ich frage mich auch, was ich ihm von mir sagen soll, er kennt mich doch schon seit fünf Jahren – ... und nicht nur meine starken Seiten!

Marion ist klar, dass sie die Stelle als Teamleiterin haben will. Sie sieht auch ihren Wettbewerbsvorteil gegenüber ihrer Mitbewerberin Kerstin. Unwohl ist ihr bei dem Gedanken, dass sie über sich reden und erklären soll, weshalb sie für die Stelle geeignet ist. Sollte ihr Vorgesetzter das nicht schon längst wissen? Wozu noch das Gespräch? Und eine weitere Sorge beschäftigt sie: Wenn sie sich selbst so positiv darstellt – verliert sie mit einer zu glanzvollen Eigenbewertung nicht Sympathiepunkte, weil „Eigenlob stinkt"?

Wann Sie positiv über sich selbst reden sollten

Stellen Sie sich vor, eine neue Bekannte fragt Sie nach Ihrer Tätigkeit. Sie wissen, dass diese Bekannte sich kirchlich engagiert und ein Familienbetreuungsprojekt leitet. Sie wissen, dass sie noch Mithelfer sucht und interessieren sich sehr dafür. Welche Dinge erzählen Sie nun von sich? Erzählen Sie, dass Sie gerne alleine sind und lesen? Oder etwas anderes, was der Bekannten zeigt, dass Sie mit dem Thema vertraut sind?

Wann möchten Sie auf Ihre Gesprächpartnerinnen kompetent und sympathisch wirken? Vielleicht wenn Sie sich auf eine neue Stelle bewerben oder sich mit den anderen Mitarbeiterinnen bekannt machen. Eine bewusst gestaltete Selbstpräsentation von Anfang an erleichtert es den anderen, Sie kennen zu lernen und Ihre Fähigkeiten auch im Sinne der gemeinsamen Ziele zu beanspruchen. Bei Gehaltsverhandlungen bedeutet die Qualität Ihrer Selbstpräsentation bares Geld. Als Repräsentantin z. B. Ihres Unternehmens bei Messeauftritten sind Sie Imageträgerin. Sich positiv darzustellen ist die Herausforderung in jeder Vorstellungs- und Kennenlern-Situation in der Öffentlichkeit.

Marion hat in diesem Gespräch die Gelegenheit, sich ihren Gesprächspartnern auf neue Art und Weise vorzustellen. Marions Gesprächspartner kennen sie zwar schon als Mitarbeiterin. Nun brauchen sie aber eine geeignete Nachfolgerin für Silke. Herr Vollhardt und die Personalchefin wollen wissen, ob und wie Marion mit ihren Fähigkeiten für die zu besetzende Stelle geeignet ist.

Eine gute Vorstellung von sich entwickeln

Selbst-Bewusstsein im wörtlichen Sinn ist die Voraussetzung für einen kompetenten Auftritt und eine überzeugende Selbstpräsentation. Nur wer ein klares Bewusstsein der eigenen Stärken hat, kann darauf verzichten, dick aufzutragen und reagiert flexibel auf Situation und Gesprächspartner!

Benennen Sie Ihre Stärken

Was wollen Sie, was können Sie, wer sind Sie?

Ihre bisherigen Erfahrungen und Fähigkeiten sind die Basis für Ihre Selbstpräsentation. Gute Argumente für Sie sind z. B. Ihre Aus- und Weiterbildung, Ihre Berufserfahrung und Ihr aktueller Verantwortungsbereich, in dem Sie sich immer wieder beweisen. Schreiben Sie das für sich auf oder erzählen Sie einer Freundin von den Dingen, die Sie im Privat- und Berufsleben (gerne) tun und können, welche besonderen Fähigkeiten Sie im Umgang mit anderen Menschen haben und welche Probleme Sie bereits gelöst haben. Was haben Sie daraus gelernt? Was können Sie nun, was Sie vorher noch nicht konnten?

Marion ist im Elternbeirat engagiert. Sie war zwei Jahre lang stellvertretende Vorsitzende und wurde zu Beginn des neuen Schuljahres zur Vorsitzenden gewählt. In diesen drei Jahren hat sie gelernt, Besprechungen zu leiten. In der neuen beruflichen Position wird es ihr heute leichter fallen, ihr Team in Diskussionen zu einem Ergebnis zu führen als noch vor zwei Jahren.

Entscheiden Sie zunächst für sich selbst: Von welcher Ihrer Stärken sollen Ihre Gesprächspartnerinnen erfahren? Auf welche Ihrer starken Seiten wollen Sie in der fraglichen Situation bauen, um die anderen für sich zu gewinnen?

Die Vorstellungen Ihrer Gesprächspartner treffen

Viele Menschen tun sich schwer damit, ihr Vorhaben oder ihre Person anderen Menschen gut zu „verkaufen“, weil ihnen nicht klar ist, was den anderen wichtig ist.

Mit hoher Wahrscheinlichkeit werden Sie mit Ihrem Anliegen ernst genommen und unterstützt werden ...

- ... wenn Sie zeigen können, dass Sie den Gesprächspartner persönlich dabei unterstützen werden, aktuelle Probleme zu lösen;

- ... wenn der Gesprächspartner ein wichtiges Ziel erreicht, das ihm selbst am Herzen liegt – indem er Sie unterstützt;
- ... wenn der Gesprächspartner durch Sie und Ihr Anliegen einen Vorteil hat (z. B. Erleichterung bei der Arbeit, Status- und Machtgewinn, Anerkennung gewinnen, Zeit gewinnen, persönliche Leistungssteigerung).

Die Interessen der Gesprächspartner wahrnehmen

Ihre Gesprächpartnerin wird ebenfalls darauf achten, worauf es Ihnen vor allem ankommt. Wollen Sie nur sich selbst darstellen? Oder haben Sie auch ihre Interessen und die Gemeinschaft, die Interessen des Teams im Blick? Inwiefern trägt Ihr Anliegen dazu bei, dass die andere ihre Interessen erreicht?

Beantworten Sie sich zur Vorbereitung auf das Gespräch folgende Fragen:

1. Welche vorrangigen Interessen haben die beteiligten Personen?
2. Womit beschäftigen sich die anderen gerade? Gibt es laufende Projekte, Aufgaben und Arbeitsziele?
3. Welche Probleme haben sie zu lösen?
4. Welche langfristigen Ziele verfolgen Ihre Gesprächspartner? Worauf kommt es ihnen dabei besonders an? Welche Werte vertreten sie?

Tipp:

Falls Ihnen die Interessen Ihrer Gesprächspartner unbekannt sind, fragen Sie im Gespräch danach! „Worauf kommt es Ihnen besonders an, wenn Sie die freie Stelle besetzen?“ „Welche aktuellen Projekte stehen gerade an?“ „Gibt es etwas, das aus Ihrer Sicht dringend getan werden sollte?“ – Ihre Gesprächspartner werden dann über die eigenen Interessen sprechen.

Auch Marions Gesprächspartner haben konkrete Interessen, die sie berücksichtigt wissen wollen. Die Personalchefin braucht die Zustimmung der Führungskräfte auf mittlerer Ebene für ihr neues Ausbildungskonzept. Von der Maßnahme wird auch Marions Team betroffen sein, und Marions Kooperation wäre bei der Umsetzung wichtig.

Marions Chef hofft, mit Marion als Teamleiterin unliebsame Konfliktgespräche mit Mitarbeiterinnen an sie delegieren zu können, was vorher nicht möglich war. Marion behält diese Interessen im Auge und wird sie nach Möglichkeit unterstützen, um ihre Chancen auf die Stelle zu erhöhen.

Eine gute Vorstellung von sich geben

Ihr Verhalten sagt mehr als Worte

Während sich das Gespräch zwischen Marion und ihrem Vorgesetzten um Marions Qualifikation dreht, wird er sie beobachten. Das Gespräch wird auf zwei Ebenen stattfinden: Die Gesprächspartner werden sich fragen: Ist unsere Gesprächspartnerin glaubwürdig? Passt ihr Auftreten und ihr Gesprächsverhalten zu ihrem Anliegen – können wir uns sie mit ihrem Verhalten in der neuen Funktion gut vorstellen?

Marions Verhalten im Gespräch ist ein stärkeres Überzeugungsmittel als ihre Worte! Denn was macht eine Teamleiterin zur Führungskraft? Nicht noch *mehr* fachliche Kompetenz – die wird bei Ihnen als Bewerberin vorausgesetzt –, sondern darüber hinaus die Fähigkeit, Menschen mit Worten zu führen! Dazu gehört, Ziele zu erkennen und zu setzen und überzeugend reden zu können.

Zeigen Sie also in einem Gespräch, in dem es um Ihre Person geht, wie Sie ein Gespräch führen und dass Sie eine gute Beziehung zu den Gesprächspartnern aufbauen können.

Das Gespräch führen als Teil der Selbstpräsentation

Die Anfangsphase

Zu Beginn begrüßen Sie die Anwesenden freundlich mit Namen. Oft wird einem etwas zu trinken angeboten. Dieses Angebot sollten Sie auf jeden Fall annehmen. „Ja's" gleich zu Beginn sind ein positiver Start ins Gespräch. Bitten Sie jedoch um nichts, was organisatorisch schwer zu beschaffen ist.

Anfangs werden Sie nach Ihrem Befinden gefragt, und man spricht über aktuelle kurzweilige Themen: Das ist der berühmte Small Talk[16]. Währenddessen prüfen Sie die Stimmung Ihrer Gesprächspartnerinnen, richten sich vor Ort ein und überbrücken Wartezeit, bis alle da sind.

Wer das Gespräch initiiert hat oder Gastgeber ist, gibt das Signal zum Beginn. Zeigen Sie nun Ihre Gesprächsführungskompetenz:

- Nennen Sie Ihre Ziele für das Gespräch: „Ich bin hier, um ..."
- Erkundigen Sie sich auch nach den Anliegen der anderen: „Worauf kommt es Ihnen bei unserem Gespräch an?"
- Klären Sie die Dauer des Gesprächs. Fragen Sie: „Wie lange haben Sie Zeit?"

Der Hauptteil: Information und Argumentation

Sie berichten von Ihrem Vorhaben und nennen Ihr Anliegen, das Sie auch begründen. Ihr Gesprächspartner wird an einigen Stellen nachhaken und Fragen stellen. Hier prüfen Ihre Gesprächspartner, ob Sie zu der vorgesehenen Aufgabe passen.

Ihr Gesprächspartner wird dann seine Interessen und Ziele vorstellen. Prüfen Sie nun durch Fragen, inwiefern seine Ziele zu Ihren Vorhaben passen und wie sich beides vereinbaren lässt.

---

[16] Wie macht man Small Talk? Viele gute Tipps dazu finden Sie bei Schäfer-Ernst 2002.

Wenn noch Zeit ist, wird der thematische Rahmen gerne erweitert, werden konkrete Situationen genauer angesprochen oder das Gespräch führt scheinbar auf Nebenschauplätze. Jetzt wird vorrangig Ihr Gesprächsverhalten und Ihre Gesprächsführung geprüft.

- *Zuhören und Verstehen:* Hören Sie aufmerksam auf das, was Ihre Gesprächspartnerin sagt und wie sie es sagt. Als Konzentrationshilfe fragen Sie sich selbst: Was will sie mitteilen? Worauf will sie hinaus? Welche inneren Bilder und Phantasien entstehen dabei? Wie wäre die Mitteilung in einem Satz auszudrücken? Fassen Sie längere Beiträge oder einen Gesprächsabschnitt zusammen, um sicherzugehen, dass Sie richtig verstanden haben.

- *Sofortiges Nachfragen bei offenen Punkten:* Achten Sie auf unscharfe Bezeichnungen, Andeutungen und Spezialbegriffe, die im Zusammenhang mit Ihren zukünftigen Aufgaben fallen. Bei Unklarheiten fragen Sie auf jeden Fall nach! Wenn Sie das gleich tun, ersparen Sie sich peinliches Nachfragen zu einem späteren Zeitpunkt.
- Um die Bedeutung einer Aussage zu klären, wiederholen Sie den betreffenden Satz oder das Wort wie ein Zitat und setzen ein Fragezeichen dahinter. Damit geben Sie es dem Sprecher oder der Sprecherin zur Erläuterung zurück: „Unternehmensphilosophie?“ oder „Was meinen Sie, wenn Sie die Unternehmensphilosophie erwähnen?“ (vgl. zum Fragen auch Kapitel 7). Dass Sie Ihre Gesprächspartnerin bei Unklarheiten zumindest den Satz zu Ende sprechen lassen, ist selbstverständlich. In einen Redestrom schalten Sie sich diplomatisch geschickt mit den Worten ein: „Verzeihen Sie, wenn ich unterbreche. Ich möchte Sie richtig verstehen. Was meinen Sie mit ...?“

- *Beziehen Sie Stellung*: Bestätigen sie Äußerungen und Meinungen von anderen, die Sie teilen, mit eigenen Worten: „Ich stimme Ihnen zu, das sehe ich auch so…“ und ergänzen Sie einen eigenen Grund. Oder bestätigen Sie einfach mit „Ja“.

Tipp:

Ein Ja, das Verstehen signalisiert, wird leicht mit einem zustimmenden Ja verwechselt. Sprechen Sie deutlich aus, wann Sie zustimmen: „Ja, das sehe *ich* auch so“ und wann Sie verstehen, ohne zuzustimmen: „Ja, ich sehe, was *Sie* meinen.“ Z. B.: „Ich verstehe; das Projekt sollte in zwei Wochen abgeschlossen sein, das wäre Ihnen am liebsten.“

Teilen Sie es den anderen mit, wenn Sie anderer Ansicht sind, wenn das wichtig ist für die Vereinbarung der Zusammenarbeit. Sagen Sie freundlich und deutlich, was Sie sich vorstellen und begründen Sie Ihre Meinung. Benutzen Sie dazu einen „Dreischritt“, der Ihre Meinung gliedert und nachvollziehbar macht:

Meinung – Begründung – Meinung: Nehmen Sie zuerst Stellung („Ich bin dafür, dass…“ oder „Ich bin nicht dafür, dass…“), dann bringen Sie zwei oder drei Gründe dafür, und zum Schluss wiederholen Sie nochmals Ihre Meinung.

„Meiner Ansicht nach brauchen wir in unserem Team eine weitere Mitarbeiterin, und zwar eine Halbtagskraft. Sie sollte uns die Aktualisierung der Kundendateien abnehmen, was bisher jede von uns selbst macht. Eine Spezialistin würde uns auch bei anderen EDV-Problemen viel Zeit sparen. Und dazu kommt, dass Herr M. zur Zeit für mindestens zwei Monate krank geschrieben ist. Seine Arbeit verteilt sich gerade auf uns zwei. Wir brauchen tatsächlich eine Halbtagskraft als Unterstützung.“

Situation – Interesse – Maßnahme: Mit diesem Dreischritt wird Ihre Argumentation noch schlüssiger. Sie schildern eine (problematische) Situation, gehen daran anschließend auf die Interessen der Gesprächspartner und der Betroffenen ein. Sie schließen Ihre Stellungnahme dann mit einem Lösungsvorschlag ab.

„Wir haben seit vier Wochen einen Engpass im Büro. Um die Dokumentation der Kundendaten bis zum Monatsende abzuschließen, investiert Kerstin gerade zwei Stunden am Tag zusätzlich. Und Herr M. ist für zwei Monate nicht da. Wir wollen uns gerne auf die langfristig wichtigen Kundengruppen konzentrieren, wie wir es neulich besprochen haben. Dabei sollte auch das Alltagsgeschäft reibungslos weiterlaufen. Das können wir schaffen, wenn wir Unterstützung durch eine zusätzliche Halbtagskraft bekommen."

Einerseits – andererseits – daher: Dieser Dreischritt eignet sich besonders gut, wenn Sie anderer Meinung sind und diplomatisch die Äußerung der anderen Person entkräften wollen. Mit dem „einerseits" greifen Sie ein Gegenargument auf. Mit dem „andererseits" entkräften Sie es. Mit dem „daher" kommen Sie zu Ihrer Schlussfolgerung.

„Einerseits sehe ich, dass eine weitere Mitarbeiterin zusätzliche Personalkosten verursacht. Andererseits würde diese Mitarbeiterin das Team derart entlasten, dass wir uns auch um die langfristig interessanten Kunden kümmern könnten. Sie wird indirekt ihre Kosten um das Mehrfache wieder einbringen. Deshalb halte ich eine zusätzliche Kraft für wichtig."

- *Behalten Sie den „roten Faden" im Blick*: Erinnern Sie sich gelegentlich laut – und damit auch die anderen Gesprächsteilnehmer – an die am Anfang abgesprochenen Gesprächsziele und Themen: „Sie sprachen am Anfang davon, dass Sie meine Gründe für die Bewerbung erfahren möchten. Ein Punkt dazu noch: ...". Wird von Ihnen eine aktive Rolle im Gespräch erwartet? Dann leiten Sie zum nächsten Thema über, wenn Sie den Eindruck haben, dass ein Punkt abgeschlossen ist. „Danke für die Informationen zu dem Verantwortungsbereich, ich kann mir das jetzt gut vorstellen. Sie erwähnten am Anfang noch ein bestimmtes Projekt, das im Zusammenhang steht mit meiner Bewerbung?"

Der Gesprächsabschluss

Behalten Sie die Zeit und die Ergebnisse im Auge, dann wissen Sie, wann das Ende des Gesprächs naht. Für Wichtiges sollte genügend Zeit da sein; sprechen Sie deshalb bedeutsame Themen frühzeitig an. Am Schluss eines längeren Gesprächs ist eine Zusammenfassung hilfreich, um die Vereinbarungen nochmals für alle bewusst zu machen und zu konkretisieren. Sprechen Sie darüber, wie es danach weitergeht.

Zum Abschied wird im Small Talk über Alltägliches gesprochen, der Aufbruch wird eingeleitet und der Weg zur Tür überbrückt.

Richten Sie Ihre Aufmerksamkeit auch hier auf die Gesprächsführung:

- Achten Sie darauf, dass das Gespräch ein Ergebnis hat.
- Wenn nicht, dann fassen Sie zusammen und fragen Sie nach konkreten Vereinbarungen.
- Schließen Sie mit freundlichen Worten ab und bedanken Sie sich für das Gespräch.

Eigene Fähigkeiten angemessen und wirkungsvoll darstellen

Ich erlebe immer wieder, wie in Vorstellungssituationen hochkompetente Frauen ihr Licht unter den Scheffel stellen. Eine Seminarteilnehmerin erzählte von ihrem beruflichen Weg, nachdem sie zwei Kinder bekommen hatte:

„... dann habe ich gedacht, ich will wieder was machen und habe nebenher ein Sozialpädagogikstudium angefangen, habe dann alles Mögliche gemacht, Bewegungskurse für Kinder und Erwachsene, dann habe ich zwei Jahre an einer Fachschule unterrichtet und dann gewechselt auf eine Leiterstelle; nebenher habe ich dann die Ausbildung in Familientherapie gemacht und berate jetzt noch so'n bisschen in eigener Praxis."

Und das „bisschen“ alles „nebenher“? So ganz konnte ich das nicht glauben, denn für jede der geschilderten Aufgaben und Verantwortungsbereiche benötigte die Frau sicher ein gehöriges Maß an Einsatzbereitschaft und organisatorischem Talent – von der Sozialkompetenz ganz zu schweigen, die sie sich im Laufe der Jahre vermutlich angeeignet hatte. Zwischen dem, *was* sie sagte, und dem, *wie* sie es sagte, gab es einen großen Wirkungsunterschied. Im Grunde lenkten ihre Formulierungen von den tatsächlichen Leistungen ab, über die sie sprach. Wer sich durch diesen Erzählton ablenken ließ, dem blieb vorwiegend der Grundton der Erzählung in Erinnerung: Naja, da hat sie halt noch ein bisschen was nebenher gemacht ...

An der Art, wie Sie über sich selbst reden, erkennt der Gesprächspartner Ihre Qualitäten *und* Ihr Selbstbewusstsein.

Stehen Sie zu den eigenen Stärken

Anerkennung ist ein freiwilliges Geschenk Ihrer Mitmenschen, und es bedeutet nicht, dass Sie nun für immer auf das Podest gestellt werden. Schwächen Sie nicht Ihre Kompetenz und den Status ab, der Ihnen von anderen zugesprochen wird. Sondern geben Sie denen, die Sie anerkennen, das Gefühl, die Wahrheit gesprochen zu haben.

- „Danke“ sagen: Nehmen Sie Lob an, statt es abzuwehren („Ach, das ist doch selbstverständlich“). Lächeln Sie und genießen Sie die Anerkennung!
- Vermeiden Sie herabsetzende Bemerkungen über sich selbst: Spielen Sie die eigene Leistung nicht herunter. Statt zu beschwichtigen „Naja, mein Konzept war doch nichts Besonderes“, oder „Ja, wissen Sie, das habe ich eben noch nicht so oft gemacht“, sagen Sie einfach nichts.
- Nicht vergleichen: Wenn Sie eine Aufgabe nicht übernehmen wollen, stellen Sie andere nicht pauschal über sich: „Da kenne ich jemanden, der oder die macht das sowieso viel besser ...“

Begründen Sie Ihre Entscheidung lieber mit wirklichem Zeitmangel oder mit speziellen Fachkenntnissen der anderen Person.

Vermeiden Sie sprachliche Weichmacher

- Lassen Sie einschränkende, ungenaue Wendungen weg, wenn Sie über etwas sprechen, was Sie selbst unter Kontrolle haben, was Sie beeinflussen können oder wenn es um Ihre Meinung geht. Dazu gehört eine floskelhafte Verwendung der Worte „eigentlich", „vielleicht", „halt", „und so". Stattdessen bezeichnen Sie die Dinge konkret und scharf.

  „Eigentlich habe ich keine Zeit, ..." wird zu „Ich habe im Moment keine Zeit, geht es auch in einer halben Stunde?" „Ich meine halt nur, dass ..." wird zu „Meiner Meinung nach ...". „Ich glaube, ich nehme den Termin wahr" wird zu „Ich komme zu dem Termin".

- Verzichten Sie auf Verallgemeinerungen, besonders beim Kritisieren: Was meinen Sie mit „immer", „nie", „schon wieder", „keiner", „alle", „jeder"?... Hier bitte präzise werden! Wer, was, wie genau?!

- Verwenden Sie möglichst oft den Indikativ. Benutzen Sie den Konjunktiv (die Möglichkeitsform) nur, wenn Sie wirklich spekulieren („Das Wetter könnte besser werden", „Vielleicht kommt der Handwerker morgen") oder wenn Sie besonders höflich sein wollen (z. B. auf der Straße: „Könnten Sie mir bitte sagen, wie spät es ist?"). Ansonsten seien Sie direkt!

  „Dürfte ich Sie vielleicht bitten, dass ..." wird zu „Bitte geben Sie mir...". „Ich möchte behaupten ..." wird zu „Ich sehe das so...". „Man könnte sagen, das ist gut" wird zu „Ich finde das gut".

Sagen Sie, was Sie wirklich sagen wollen – ohne Floskeln

- Verzichten Sie auf floskelhafte Entschuldigungen: „Entschuldigen Sie, da haben Sie mich falsch verstanden“ wird zu „Das habe ich anders gemeint“.
- Keine Rechtfertigung, ohne dass Ihnen etwas vorgeworfen wurde: „Ach, entschuldigen Sie, Sie wollen bestimmt gleich weiter, aber wo ich Sie jetzt gerade gesehen habe, dachte ich, ich spreche Sie gleich mal an ...“ Setzen Sie positive Akzente, z. B.: „Haben Sie einen Moment Zeit“ oder: „Schön, dass Sie Zeit für das Gespräch hatten!“ Wenn Sie merken, dass Sie einen Fehler gemacht haben, dann schlagen Sie eine Lösung vor.
- Lassen Sie Ihre guten Ideen wirken und relativieren Sie Ihre Vorschläge nicht gleich durch vorsichtiges Rückfragen: „Das könnte klappen, oder was meinen Sie?“ wird zu „Ich glaube, das klappt!“ oder „Das wird bestimmt funktionieren!“ „Es wäre doch ganz schön, wenn wir um neun Uhr anfangen könnten, oder nicht?“ wird zu „Lasst uns um neun Uhr anfangen.“

Beachten Sie Ihre Stimmführung!

Eine fragende Stimmführung (gehobene Stimme am Satzende) schwächt die Aussage und heischt ebenso nach Zustimmung wie das „oder nicht?“

Sprechen Sie auf den Punkt. Sinnbetont. Stimme runter am Satzende! – Sie verschaffen Ihrer Aussage damit Nachdruck.

Beziehen Sie sich auf die gemeinsamen Ziele

Marion ahnt, dass Selbstlob nicht die geeignete Methode ist, um zu überzeugen. „Ich bin hier und dort sehr gut“ oder „Meine Stärken sind es, zu ...“, „Ich kann, ich will und ich werde ...“ das ist eine Ich-zentrierte Sprechweise, die wenig mit der Sichtweise einer Führungskraft zu tun hat.

Als erfolgreich präsentieren Sie sich, ...

- ... wenn Sie zeigen, dass Sie *gemeinsame Ziele* unterstützen und sagen, was Sie dazu beitragen werden und können,
- ... wenn Sie die Stärken der *anderen* erwähnen. Vergleichen Sie sich dabei möglichst nicht selbst mit anderen! Bei Teamleistungen erwähnen Sie, was jeder und jede (auch Sie) zum Gelingen beigetragen hat,
- ...wenn Sie berichten, zu welchen *Ergebnissen* Ihre bisherigen Entscheidungen und Handlungen führten. Entweder Sie hatten Erfolg – oder Sie haben eine wertvolle Lernerfahrung gemacht!

Sie brauchen sich also nicht selbst zu loben. Lassen Sie Fakten für sich sprechen: Berichten Sie sachlich, was Sie mit Ihrer Arbeit für Resultate erzielt haben, welche Schlussfolgerungen Sie daraus für sich gezogen haben und was das für kommende Pläne bedeutet.

Beispiel 1

Herr Vollhardt stellt die Frage nach Marions Qualifikation: „Frau Schneider, weshalb sollen wir Ihrer Meinung nach *Sie* zur Teamleiterin ernennen?"

Marion nennt ihre Berufserfahrung als Argument.
In welcher Antwort zeigt sie sich qualifizierter?

A. Ich bin schon seit fünf Jahren im Unternehmen und bin deshalb erfahrener als alle anderen Teamkollegen. Ich kann neue Mitarbeiterinnen sehr gut einarbeiten.

B. Ich möchte auch als Gruppenleiterin neue Mitarbeiterinnen und Mitarbeiter gerne dabei unterstützen, dass sie sich schnell selbst zurechtfinden und so bald wie möglich selbständig arbeiten können. Die Betreuung im Rotationsverfahren funktioniert ja schon gut, darauf würde ich gerne aufbauen.

Im Fall A spricht Marion als Mitarbeiterin, die noch auf gleicher Ebene mit ihren Kolleginnen konkurriert. Im Fall B präsentiert sie sich als Mitarbeiterin, die ihre Erfahrung einbringt, neue Impulse gibt und zudem methodisch vorgeht.

Beispiel 2

Herr Vollhardt will wissen, wie Marion mit einer schwierigen Situation im Team umgeht: „Wir haben ja gerade sehr viel Nachfrage aus einem ganz neuen Sektor, für den unsere EDV noch gar nicht eingerichtet ist. Wie würden Sie das Problem angehen?"

Marion achtet wieder darauf, ihre Stärken zu zeigen. Mit welcher Antwort präsentiert sie sich für die Stelle als Teamleiterin?

A. Also, ich bin auf dem neuesten Stand, habe erst neulich diese Schulung gemacht und würde das DV-Ablagesystem überarbeiten, wenn Sie sagen, dass das Priorität hat.

B. Ich würde mit dem Team besprechen, wie wir unsere Zeit für diese interne Aufgabe organisieren. Ich kann mir gut vorstellen, dass jemand aus unserem Team den neuen Kundensektor in unserer EDV einrichtet. Ich denke da an Ilona, die ist gut darin. Ich kann ihr dabei zur Seite stehen, vor zwei Monaten habe ich die Schulung gemacht.

Mit Antwort A präsentiert sich Marion als eifrige und loyale Mitarbeiterin, die auf Anweisung von Herrn Vollhardt wartet. Mit der Antwort B zeigt Marion, dass sie das Tagesgeschäft im Blick hat, dass sie Aufgaben delegieren kann und mit ihren Fähigkeiten das Team unterstützt.

Die positive Selbstpräsentation

Drei Dinge sichern Ihnen einen guten Eindruck in der Öffentlichkeit: Ihr Selbstbewusstsein, Ihre ergebnisorientierte Gesprächsführung und Ihr Blick auf den Gesprächspartner, dessen Interessen Sie berücksichtigen, während Sie über sich sprechen.

„Bescheidenheit ist eine Zier", besagt ein altes Sprichwort, und ein gewitzter Kopf ergänzte: „... doch weiter kommst du ohne ihr!"[17] Beides stimmt: Sie können Ihr Licht unter dem Scheffel ruhig hervorholen und es strahlen lassen – wenn es nicht nur für Sie selbst, sondern auch zum Nutzen der anderen leuchtet! Dann ist Ihnen Anerkennung gewiss.

---

[17] Franz Grillparzer

Die Gretchenfrage nach dem Gehalt …

Ihre Selbstpräsentation dient Ihrer Karriere und damit letztendlich Ihrem ökonomischen und finanziellen Vorteil. Anerkennung drückt sich auch in einem angemessenen Gehalt aus. Wie setzen Sie diesen Anspruch durch, wenn es darum geht, Ihre gute Leistung in Euro zu bewerten?

> ***Marion***: Wir haben jetzt schon ausführlich über die Aufgaben der Teamleiterin gesprochen; ich konnte mir ein gutes Bild davon machen. Ich würde gerne als Teamleiterin arbeiten. Jetzt interessiert mich noch das Gehalt: Was würde ich verdienen?
> ***Vollhardt***: Ja, was stellen Sie sich vor?

Damit ist der Ball zurückgespielt und Marion ist wieder am Zug. Was würden Sie in einer solchen Situation antworten?

Der Gehaltspoker

Sie können ein Monatsgehalt in bestimmter Höhe nennen. Damit geben Sie Ihrem Gesprächspartner die Möglichkeit, mit Ja oder mit Nein zu antworten. Antwortet er mit Ja, ist das Gespräch schnell zu Ende und Sie haben, was Sie wollten. Antwortet er mit Nein, dann haben Sie eine ungünstige Ausgangsposition für Ihre Gehaltsverhandlungen geschaffen, denn nun beginnt das Feilschen. Haben Sie zu hoch gepokert, sinken Ihre Chancen auf die Stelle.

Eine zu niedrige Gehaltsforderung wiederum mindert Ihr Einkommen, und auch für spätere Gehaltsverhandlungen haben Sie eine schlechtere Startposition.

Kriterien ermitteln

Günstiger ist es deshalb, zuerst über die Kriterien zu sprechen, aus denen das Gehalt berechnet wird. Vergleichswerte erfahren Sie über Ihren Berufsverband und nicht zuletzt von Kolleginnen aus Ihrer Firma! Vermeiden Sie es, das Gehalt von Kolleginnen direkt ins Gespräch zu bringen, um nicht einen Vergleich herauszufordern.

Marion: „Ich stelle mir ein Gehalt vor, das der neuen Verantwortung angemessen ist. Ich habe mich kundig gemacht, und eine Gruppenleiterin in unserer Branche verdient zwischen 2200 und 2500 Euro."
Vollhardt: „Nun, so liegen auch unsere Gehälter. Also Sie wären mit 2200 Euro zufrieden?" – *er nennt die untere Gehaltsgrenze.*

Marion bringt nun weitere Gründe ins Gespräch, die für ein höheres Gehalt sprechen.

Diese Argumente zu finden ist Teil Ihrer Gesprächsvorbereitung. Für Ihre Firma sind Sic mehr „wert", wenn Sie

- die geforderten Qualifikationen schon mitbringen und die Firma sich dadurch kostspielige Aus- und Weiterbildung spart;
- Berufserfahrung bzw. Auslandserfahrung haben;

außer Konkurrenz sind, weil Sie die einzige Bewerberin sind, die die geforderten besonderen Qualifikationen mitbringt. Selten und gefragt zu sein erhöht den Marktwert.

Außerdem haben Sie sich über die vorangegangene Tätigkeitsinformation schon ein Bild davon gemacht, wie groß Ihr Aufgabengebiet sein wird.

Vergleichen Sie, was Sie bisher gearbeitet und im Verhältnis dazu verdient haben – welches Gehalt ist den nun gewachsenen Anforderungen angemessen?

Marion: „Da ich bisher 2010 Euro verdient habe und die neue Aufgabe weit mehr Verantwortung und zusätzliche Aufgabenbereiche umfasst, stelle ich mir noch ein höheres Gehalt vor. Sie sparen sich ja auch die Einarbeitungszeit, da ich mit den aktuellen Projekten vertraut bin."
Vollhardt: „Mehr als 2250 Euro kann ich Ihnen nicht zahlen, so viel hat auch Silke Meier bekommen."

Damit hat Marion eine klare Aussage zum Gehalt. Doch die Verhandlung braucht hier nicht zu enden[18]. Bisher ging es nur um das Monatsgehalt. Wie sieht das Jahresgehalt aus? Wie viel Urlaub wird bezahlt? Ist die Arbeitszeit flexibel? Wie werden die Überstunden geregelt? Werden Fortbildungen bezahlt? Wie sieht es mit sonstigen Zulagen, Prämien und vermögenswirksamen Leistungen des Arbeitgebers aus? Sind stufenweise Gehaltserhöhungen möglich?

Sie können über diese Fragen Ihren Verhandlungsspielraum vergrößern und die Konditionen finden und vereinbaren, die Ihren Interessen entgegen kommen.

Wenn Sie eine Gehaltserhöhung in gleichbleibender Funktion wünschen

Auch wenn Sie in gleicher Position bleiben, steht unter bestimmten Voraussetzungen eine Gehaltserhöhung an. Üblich sind Erhöhungen um 2–5 %. Voraussetzung dafür ist, dass das Unternehmen gerade eine stabile Marktposition hat und Gehaltserhöhungen finanzierbar sind. Zweitens sollten Sie Ihrem Arbeitgeber überzeugend darstellen können, zu welchen Veränderungen es in Ihrem Aufgabenbereich gekommen ist: Welche zusätzlichen Anforderungen bewältigen Sie seit wann, die eine Gehaltszulage rechtfertigen? Listen Sie auch auf, welche Erfolge Sie für das Unternehmen erzielt haben und wie Sie sich seit dem letzten Gehaltsgespräch weiterqualifiziert haben.

Halten Sie Ihre privaten Gründe für den Wunsch nach einer Gehaltszulage aus der Verhandlung heraus. Auch wenn Sie gerade ein Haus bauen oder Ihr Partner arbeitslos ist – Sie werden für Ihre Leistung bezahlt, nicht aus Mitgefühl.

Eine Gehaltsverhandlung ist zunächst ein Informationsgespräch und kein Bettelgang. Sie informieren über Ihre Leistungen und die daran geknüpften Erwartungen und Ihr Arbeitgeber informiert

[18] Vgl. Fisher, Ury und Patton 1984.

Sie über seine Möglichkeiten. Ob Sie sich auf dieser Grundlage auf ein neues Gehalt einigen, entscheiden Sie danach gemeinsam.

Und wenn Sie ein Nein hören? – Aufgeschoben ist nicht aufgehoben! Fragen Sie nach den Gründen – und vereinbaren Sie, was Sie für das Unternehmen tun können, damit Sie die nächste sind, die in den Genuss einer Gehaltserhöhung kommt.

Übung

a. Finden Sie selbstbewusste, wirkungsorientierte Formulierungen
   1. Ich spiele ein bisschen Tennis.
   2. Ich muss mich um meine Kinder kümmern.
   3. Ich bin nur Bürokauffrau.
   4. Ich weiß das leider nicht.
   5. Ich möchte mich Ihnen kurz vorstellen.
   6. Ich komme aus einem kleinen Kaff.
   7. Ich bin nicht sicher, ob Ihnen diese Antwort genügt ...

b. Sprechen Sie laut über Ihre Stärken und nehmen Sie Ihre Selbstbeschreibung auf Tonband auf. Überprüfen Sie Ihre Stimme und Wortwahl auf Weichmacher. Danach beschreiben Sie sich und Ihre Fähigkeiten ein zweites Mal. Vermeiden Sie dabei Abschwächungen in der Selbstdarstellung. – Wie wirkt der Unterschied auf Sie?

Serviceteil

Gesprächsleitfaden – Lösungen – Literatur

A. Der klassische Gesprächsablauf

1. Vorher: Das Gespräch vereinbaren
   - Den Gesprächspartner um ein Gespräch bitten
   - Ort, Zeit und Dauer vereinbaren

2. Zu Beginn die Weichen stellen: Ziele und Wege absprechen
   - *Freundlicher Beginn*: „Danke, dass Sie ..."
   - *Ihr Anliegen deutlich formulieren*: „Ich möchte mit Ihnen darüber sprechen, ..." „Ich möchte gerne in diesem Gespräch ... erreichen (wissen, verstehen, klären, planen, vereinbaren)."
   - *Interessen und Zweck deutlich machen*: „Es geht mir darum, ... (für einen anderen Anlass vorbereitet zu sein – die Zusammenarbeit zu verbessern – ...)
   - *Evtl. konkretisieren*: „Ich habe dabei besonders folgende (vergangene, aktuelle zukünftige) Situation vor Augen ..."
   - *Gesprächsvereinbarungen treffen*: Fragen Sie, welche Themen und Wünsche die andere Person für das Gespräch hat: „Welche Punkte wollen Sie besprechen?" „Womit fangen wir an?"
   - *Evtl. Zeitrahmen vereinbaren*: „Ich habe eine Stunde Zeit – wie sieht es bei Ihnen aus?"

3. Der Hauptteil: Der Dialog über das Thema
   - *Folgen & Verstehen*
     Zuhören – vier Bedeutungsrichtungen erfassen
     Zusammenfassen
     Verständnisfragen stellen

- *Führen & Leiten*
  Führen durch Fragen
  Stellung nehmen
  Strukturieren
  Vorschläge machen
  Vereinbarungen treffen

4. Störungen vermeiden oder klären: Das Gespräch über das Gespräch
   - Benennen, was gerade im Gespräch passiert, z. B. „Sie betonen sehr, dass ... – was bedeutet das?“ „Sie wirken auf mich gerade ärgerlich – weshalb?“
   - Gesprächsablauf abstimmen: „Wollen Sie zuerst alle Argumente bringen? Oder ist es für Sie in Ordnung, wenn ich mich dazwischen einschalte?“
   - (Kritische) Rückmeldung geben: „Ich habe gesehen, dass Sie ... Ich wünsche mir ...“.

5. Der Abschluss: Rückblick und Ausblick
   - Reflexion und Zusammenfassung: „Es war gut, dass ... ich sehe jetzt mehr ...“
   - Positive Rückmeldung geben „Danke, dass Sie ...“, Small Talk

B. Lösungsvorschläge zu den Übungen

Kapitel 1

a. 1. Appell – 2. Ich-Botschaft – 3. Du-Botschaft – 4. Du-Botschaft – 5. Appell – 6. Sachbotschaft

b. 1. „*verboten*“: Bitte bleiben Sie auf den Wegen!
   2. „*falsch*“: Das habe ich anders gemeint.
   3. „*trödeln*“: „Beeile Dich bitte!“
   4. „*gelangweilt*“: Ich freue mich, wenn es interessant für Sie war!

Kapitel 5

a. 1. Verallgemeinerung – 2. Abwertung – 3. erhobene Stimme – 4. Abwertung

b. 1. Sie rufen an und beginnen ein Gespräch „Hallo Monika, schön, dich zu hören! Wir haben lange nicht miteinander gesprochen. Wie geht es dir? ... Ich habe das Gespräch mit dir vermisst. Lass uns häufiger Kontakt halten.“
   2. „Du, es geht um die Hausarbeit. Du warst ja beruflich sehr eingespannt bis vor kurzer Zeit. Ich habe dich währenddessen entlastet und habe das auch gerne gemacht. Jetzt wünsche ich mir, dass wir uns die Aufgaben und die Hausarbeit wieder teilen.“
   3. Antworten Sie ehrlich! „Mir schmeckt die Suppe gut. Das Fleisch hat mir nicht geschmeckt, leider.“ – Von einem Kind stammt folgende Antwort: „Ja, Mama, es hat mir geschmeckt, aber du brauchst es nicht mehr zu kochen.“ – Und von einem charmanten Herrn: „Ja, weil *du* es gekocht hast!“

Kapitel 6

a. 2. durchsetzungsfähig – 3. gutgläubig, vertrauensvoll – 4. gefühlsbetont, offen – 5. kompromissbereit – 6. genau

b. „Frau Mäder, in einer Stunde bin ich bei Frau Fast zur Besprechung, und ich würde das Protokoll gerne mitnehmen. Es wird auch um die Weiterbildungsthemen für nächstes Jahr gehen und um das, was wir dazu in der letzten Sitzung besprochen haben. Könnten Sie es noch fertig machen?“

Kapitel 7

a. Mit einer offenen Frage erfahren Sie die Antwort gleich: „Welchen Beruf hast du?“
b. Welches Kind? Was ist genau passiert? Was heißt „schlimm“? (konkretisiert heißt die Mitteilung dann zum Beispiel: Die fünfjährige Toni fiel über einen Bordstein und verletzte sich am Knie.)

Kapitel 8

Das Prinzip lautet: Nicht mit Bestrafung drohen, sondern mit Belohnung winken

a. Ich habe mich für Sie entschieden, weil Sie bekannt sind für Ihre schnelle Leistung. Wenn es irgendwie möglich ist – bringen Sie die Verkleidung bis morgen Mittag an. Ich möchte Sie gerne weiterempfehlen können.
b. Sie haben für die Lehrlinge den gleichen Stundensatz abgerechnet wie für den Meister. Ich bezahle Ihnen den Lohn für die Lehrlinge, sobald Sie die Rechnung berichtigt haben.

Kapitel 10

a. 1. Ich spiele Tennis. – 2. Ich verbringe meine (übrige) Zeit (gerne) mit meinen Kindern. – 3. Ich bin Bürokauffrau. – 4. Ich erkundige mich für Sie. *Oder*: Da kann Ihnen Frau Naser weiterhelfen. – 5. Ich möchte mich Ihnen gerne vorstellen. *Oder*: Ein paar Worte zu mir: ... – 6. Ich komme aus Z., das liegt bei T. – 7. Genügt Ihnen diese Antwort?

C. Literatur

Kapitel 1

Schulz von Thun, Friedemann: Miteinander reden. *Band 1:* Störungen und Klärungen; *Band 2:* Stile, Werte und Persönlichkeitsentwicklung; *Band 3:* Das „innere Team“ und situationsgerechte Kommunikation. Reinbek bei Hamburg 1981, 1989 und 1998.

Watzlawick, Paul u. a.: Menschliche Kommunikation. Formen, Störungen, Paradoxien. Bern, 9. unveränd. Aufl. 1996.

Watzlawick, Paul: Anleitung zum Unglücklichsein. München, Zürich 1983.

Kapitel 2

Berckhan, Barbara: Die etwas gelassenere Art, sich gegen dumme Sprüche zu wehren. Selbstverteidigung mit Worten. Mit Trainingsprogramm. München 1998.

Fey, Gudrun: Gelassenheit siegt. Mit Fragen, Vorwürfen und Angriffen souverän umgehen. Regensburg, Düsseldorf, Berlin, 5. Auflage 2002.

Kapitel 3

Balters, Antje: Mut zum Nein sagen. Grenzen setzen ohne Schuldgefühle. Asslar, 2. Auflage 2001.

Smith, Manuel: Sage Nein ohne Skrupel. Die neue Methode zur Steigerung von Selbstsicherheit und Selbstbehauptung. Landsberg am Lech 2001.

Kapitel 4

Joule, Robert-Vincent und Jean-Léon **Beauvois**: Kurzer Leitfaden der Manipulation zum Gebrauch für ehrbare Leute. Leipzig, 1. Auflage 1997.

Edmüller, Andreas und Thomas **Wilhelm**: Manipulationstechniken erkennen und abwehren. Planegg bei München, 3. durchgesehene Auflage 2002.

Kapitel 5

Rosenberg, Marshall B.: Gewaltfreie Kommunikation. Aufrichtig und einfühlsam miteinander sprechen. Paderborn 2001.

Höfner, Eleonore: Die Kunst der Ehezerrüttung. Reinbek bei Hamburg 1993.

Kapitel 6

Blanchard, Kenneth und Spencer **Johnson**: Der Minuten-Manager. Reinbek bei Hamburg 1983, Sonderausgabe 2000.

Schulz von Thun, Friedemann, Johannes **Ruppel** und Roswitha **Stratmann**: Miteinander Reden: Kommunikationspsychologie für Führungskräfte. Reinbek bei Hamburg, 3. Auflage 2001.

Kapitel 7

Birkenbihl, Vera: Fragetechnik schnell trainiert. Das Trainingsprogramm für Ihre erfolgreiche Gesprächsführung. Landsberg am Lech, 10. Auflage 1998.

Hahn, Rolf Michael: Gut gefragt ist halb gewonnen. Erfolgreiche Fragetechniken für Beruf und Privatleben. Reinbek bei Hamburg 2000.

Kapitel 8

Verbraucherzentrale NRW e.V.: Handwerker und Kundendienste. Was tun, wenn's zum Streit kommt? Neuss, vollst. überarb. und erw. 7. Aufl. April 2002.

Kapitel 9

Schott, Johanna und Klaus **Steinke**: Souverän telefonieren. Den richtigen Ton finden. Was Ihre Stimme verrät. Tips und Tricks zum Telefonieren. Regensburg, Düsseldorf 1999.

Kapitel 10

Asgodom, Sabine: Eigenlob stimmt. Erfolg durch Selbst-PR. Düsseldorf 1996.

Schäfer-Ernst, Barbara: Geschickt kommunizieren. Die Kunst des gezielten Smalltalks. So manövrieren Sie sich nach vorne. Regensburg, Düsseldorf, Berlin 2002.

Fisher, Roger, William **Ury** und Bruce **Patton**: Das Harvard-Konzept. Sachgerecht verhandeln – erfolgreich verhandeln. Frankfurt am Main 1984 und 1993.

D. Zum Vertiefen und Weiterlesen

Gesprächsführung und Kommunikation

Gührs, Manfred und Claus **Nowak**: Das konstruktive Gespräch. Ein Leitfaden für Beratung, Unterricht und Mitarbeiterführung mit Konzepten der Transaktionsanalyse. Meezen, 4. überarb. Aufl. 1998.

Stone, Douglas, Bruce **Patton**, Sheila **Heen**: Offen gesagt! Erfolgreich schwierige Gespräche meistern. Das Harvard Gesprächs-Projekt. München 2000.

Weisbach, Christian-Rainer: Professionelle Gesprächsführung. Ein praxisnahes Lese- und Übungsbuch. Beck-Wirtschaftsberater im dtv-Verlag, 4., überarb. und erw. Aufl. 1999.

Männer und Frauen

Tannen, Deborah: Du kannst mich einfach nicht verstehen. Warum Männer und Frauen aneinander vorbeireden, Kabel Verlag Hamburg 1991.

Rhetorik und Vortragstechnik

Brandt, Peter Edwin: Rhetorik. Wirkungsvoll und glaubwürdig reden. Wuppertal und Kassel, 2. überarb. Auflage 2002.

Fey, Heinrich und Gudrun **Fey**: Redetraining als Persönlichkeitsbildung. Praktische Rhetorik zum Selbststudium und für die Arbeit in Gruppen. 4. Auflage, Regensburg, Düsseldorf 1999.

Will, Hermann: Mini-Handbuch Vortrag und Präsentation. Für Ihren nächsten Auftritt vor Publikum. Weinheim 2000.

Steinke, Klaus: Projekte überzeugend präsentieren. So vermitteln Sie Ihr Anliegen klar und einprägsam. Stiftung Mitarbeit, Bonn 2000.

Nur für Sie selbst

Covey, Stephen R.: Die sieben Wege zur Effektivität. Ein Konzept zur Meisterung Ihres beruflichen und privaten Lebens. München 1992.

Drach, Thomas und Irmtraud **Schmitt**: Forever Clever. Das Rundum-Programm für Ihre geistige Fitness. Landsberg am Lech 2001.

Ellis, Albert: Training der Gefühle. Wie Sie sich hartnäckig weigern, unglücklich zu sein. Landsberg am Lech, 3. Auflage 2000.

Leonard, George: Der längere Atem. Die fünf Prinzipien für langfristigen Erfolg im Leben. Bern, München, Wien, erw. und überarb. Neuauflage 1998.

Sonntag, Robert: Blitzschnell entspannt. 100 verblüffend leichte Wege, wie Sie in Sekunden innere Ruhe finden und neue Kraft schöpfen. Stuttgart 1998.